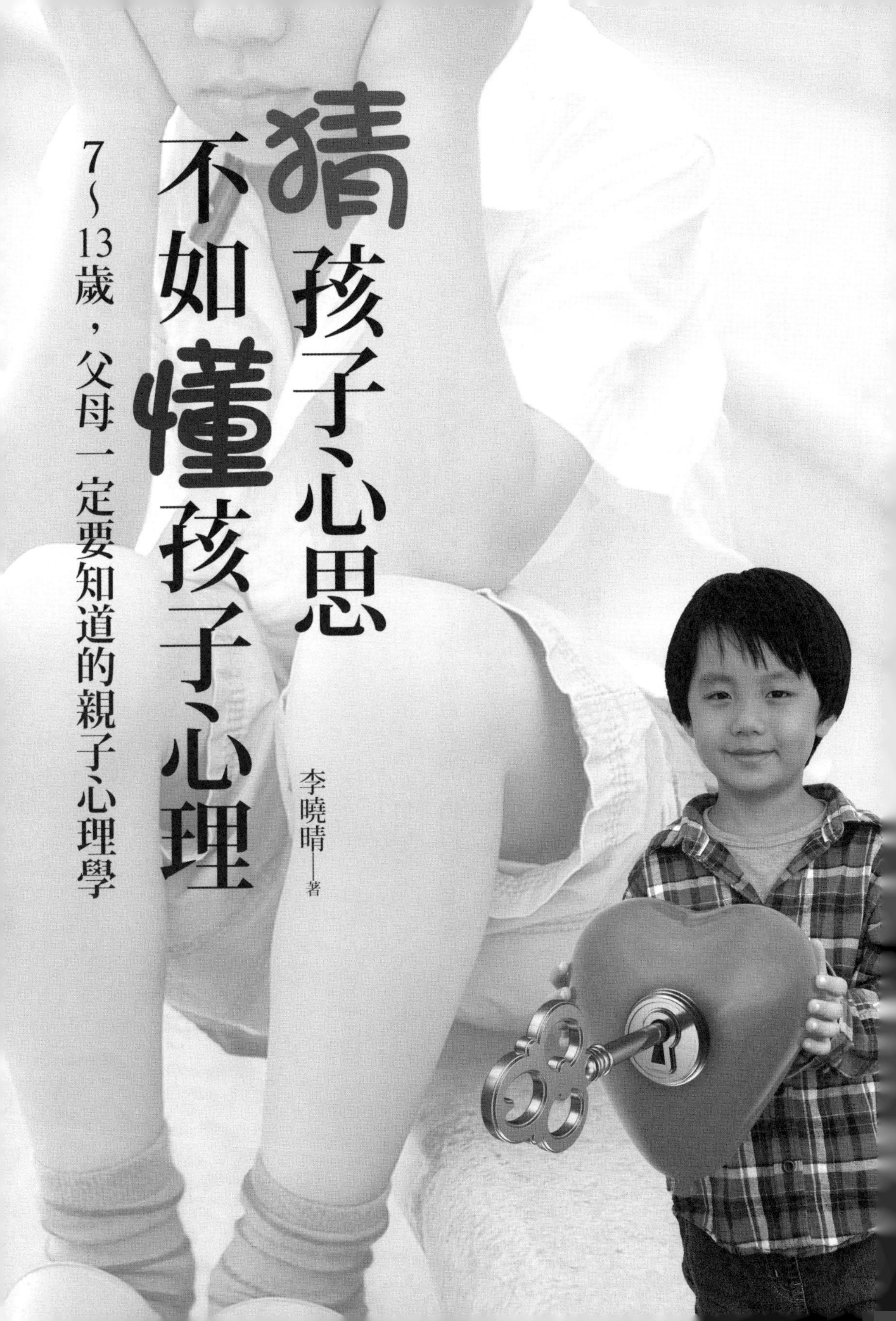

猜孩子心思不如懂孩子心理

7～13歲，父母一定要知道的親子心理學

李曉晴——著

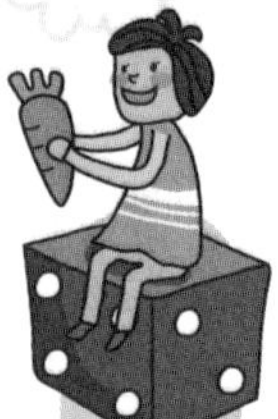

【編輯序】

讀完本書之後，請用「心」愛孩子

教育孩子，要以瞭解孩子為前提。

一些父母或許會覺得，孩子是自己生的，也是自己養的，每天都生活在一起，還不夠瞭解嗎？其實，孩子的心理每天都在悄悄地發生變化，如果你沒有細心觀察，未必能感覺得到這種變化。這也是由父母與孩子的年齡差距所決定的。

在現實生活中，有很多家長總覺得自己是心智成熟的大人，跟孩子相比，自己的想法和做法肯定都是正確的，便用這種「想當然」來教育孩子，也難怪收不到效果，甚至會起負作用。這是因為，即便你吃的鹽比孩子吃的飯還要多，也並不意味著你一定就能瞭解孩子的心理。

根據最新的調查顯示，青少年的心理疾病在近幾年呈現快速上升的趨勢，

精神性的、社會交往性的，以及外界刺激所導致的心理問題等心理障礙，也在不斷增加。你或許也十分關注孩子的心理健康問題，但還是有很多隱形的心理因素是你發現不到的。

家庭就好比是孩子心理和性格的「加工廠」，簡單來說，孩子的心理和性格，甚至命運，都是和他所接受的家庭教育密切相關。從某種層面上來說，家是孩子最好的「心靈棲息地」，而做為父母的你，就是孩子最好的「心理諮詢師」。

孩子在想什麼，孩子為什麼會這樣想？孩子出現問題，父母該怎麼辦？有時候，孩子行動上的抗衡就是來自於心理上的對峙，並不是他們不懂你的苦口婆心，而是你不能滿足他們的心理需要。只有破解孩子的心理密碼，看穿孩子日常行為表象之下的深層心理機制，才能穿越「盲點區」，走出「迷局」，進入家庭教育的正確軌道。

有一句話說得好，猜孩子的心思，不如懂孩子的心理。好的父母，從孩子出生開始就應該致力於對孩子的瞭解中。有人可能擔心，父母不是心理醫生，怎麼會做心理諮詢呢？的確，心理諮詢是一門科學，沒有專業訓練就「工作」可能誤導人。但是，做為父母，如果你能學習一些實用的心理學知識，多理解和尊重孩子，關心他們的成長需要，給予積極而及時的引導，就是最好的心理健康教育。從這個角度來說，父母就是孩子最好的「心理諮詢師」。

本書的作者身為一個教育工作者、心理諮詢師和有著近十年家教實戰經驗的媽媽，對幼兒心理和青春期心態有著全面而深入的研究。在書中，她針對七～十三歲孩子不同的心理特徵，結合多位來訪者的真實案例和個人體會，幫助讀者有的放矢來瞭解孩子的內心世界。毫不誇張地說，這是一本消除父母與孩子衝突對抗，教會父母與孩子親密合作的心靈指導書。

讀過之後，身為父母的你可以輕鬆解讀孩子的心理規律和祕密，根據孩子在不同階段的心理特點，詮釋問題實質，給出解決辦法。

讓孩子成為優秀的人，擁有燦爛的人生，是全天下父母的共同心願，也是我們出版這本書的美好願景。同時，我也希望讀者朋友在閱讀之後能給出建設性的意見和中肯的批評，一起來呵護孩子內心的那一片綠地。

【自序】

做一個足夠好的媽媽

在親友的翹首企盼中，在媽媽的疼痛和努力中，在爸爸焦急的等待中，孩子終於呱呱墜地了。把孩子抱在懷裡的那一刻，妳的心裡一定會五味雜陳——我有孩子了！

在這個世界上，妳從此有了自己生命的延續，除了巨大的幸福和喜悅，突然覺得自己瞬間成熟和堅強了。

可憐天下父母心，為人父母者，沒有不為養育孩子而盡心盡力的。在含辛茹苦之下，孩子終於一天天長大，會笑了、會爬了、會說話了、會跑了……可是問題也接踵而至，這個小生命逐漸出現一些令人難以理解的怪僻（如吮手指、戀物、開燈睡覺等），變得很難管教，脾氣也變得難以捉摸。妳不禁

感嘆，做父母真是比想像中的還要難一百倍、一千倍！

其實，大多數為之焦頭爛額的父母，苦惱的根源都一樣——不懂孩子的心理。因為不懂孩子的心理，就無法進入孩子的內心世界，無法瞭解孩子的真正想法，自然在教育的過程中也就無法做到有的放矢。

所以，要教育好孩子，首要的一步，就是要有一顆善於「解讀」的心，將孩子潛藏在內心的祕密看透，瞭解孩子言行背後的真實意圖。

孩子在人生的每一個階段，有著不同的心理和行為模式。他有需要父母幫助度過的「困難期」，也有教育的「最佳期」，如果錯過了這些階段，缺憾是很難彌補的。

心理學家研究發現，人類在胎兒末期就有記憶，一出生就有心理活動，三歲之前需要有足夠的安全感，七歲之前是性格形成的關鍵時期。這一階段所形成的性格，會對孩子將來的學習、事業、婚戀等方面造成重大影響。十二歲～十八歲，是孩子生理發育和心理發展急遽變化的時期，是童年向成年過渡的時期，也是人生觀和世界觀逐步形成的關鍵時期。到了十八歲時，孩子才會基本形成穩定的人格。

這樣，我們就可以看出，孩子的教育問題是一個系統的、相關的、循序漸進的過程，某個階段教育上的失誤，都要在之後用很大的代價來買單。

可能有人覺得我危言聳聽。這也難怪，自從我開設親子關係工作室以來，很多前來求助的家長，都要求我幫助他們解決一些即刻的、當下的問題，卻拒絕提供孩子過去的成長歷程資料，並且對我指出的一些預見性後果也不以為然。

我完全可以推斷，一個問題兒童必然會長成一個問題少年，一個問題少年又會成為一個問題青年、問題中年……你不能指望一個孩子在十八歲那一年就自動長成一個心理健康、人格完善的優秀青年，孩子的成長是一步一步的，這個過程需要家長的幫助、參與和教育。

都說養兒一百歲，常憂九十九。如果從孩子出生那一刻起，就給予孩子

最大的關注和關愛，提供科學的心理指導，建立良好的親子關係，那麼在他十八歲的時候，你基本上就可以放手了。這樣的孩子，完全能夠獨立自主地面對生活，走好他的人生之路。

給孩子一個健康的心理、陽光的性格和完善的人格，才是你送給他最寶貴的禮物，比給他留下多少錢財，多少房產都強。我奉勸為人父母者，犧牲一點娛樂和在電視機前看肥皂劇的時間，多瞭解一些發展心理學的知識，懂得一點教育孩子的理論和方法，絕對是有益的。

心理學和客體關係理論大師溫尼科特發明了一個詞——足夠好的媽媽（good enough mother），這是心理學裡的一個專門的辭彙。所謂足夠好的媽媽，就是要給孩子好，而且還得足夠，妳給少了叫不夠好，給多了就過分的好，與給得不夠是一樣的不好。簡單說就是：給少了不夠好，給多了也不好。也就是說，在孩子的嬰兒期，更偏向於足夠多，即少了不好；在孩子長大一些之後，就要學會放手，給多了不好。

可惜的是，在生活中，很多父母把這個順序弄相反了。在孩子幼小的時候，尤其是嬰兒期，更多的父母關注的是孩子冷不冷、餓不餓、是不是尿床了，卻很少關注他的心理發展，可能是覺得這個小屁孩什麼也不懂吧！而在孩子長大了一些之後，尤其是學齡期，又常常以過多的管制來限制他的心理發展。

那麼，什麼才算是足夠好呢？「足夠」和「過多」的界限在哪裡呢？這個「度」說難也難，說簡單也簡單，只要掌握兩大原則——足夠的愛心和科學的方法。

足夠的愛心相信每個父母都有，科學的方法卻不一定，這也是我在書中要探討和講述的內容。

目錄

1 上學啦，孩子有了自己的小世界

1、七~十三歲是孩子自我意識發展的鑽石階段……16
2、孩子需要獨立空間，更需要心靈自由……19
3、一隻得了關節炎的小烏龜……23
4、要不要與孩子做朋友，是個讓人糾結的問題……27
5、上帝也單親……33
6、該不該讓孩子管大人的事……38
7、不要輕易揚起你的巴掌……43
8、「我有缺點，你不准學」……49
9、沒有小夥伴，孩子變成「小網蟲」……55
10、有的孩子為什麼「說不得」……60
11、折斷了孩子的翅膀，卻又讓他飛翔……65
12、懼學未必是恐懼學習本身……71

2 父母好好學習，孩子天天向上

1、「我不是完美小孩，你們也不是完美的父母」……78
2、家長失信，多是因為孩子的學習而起……82
3、忽視孩子優點的父母該「培訓」了……87
4、「羅森塔爾效應」帶給父母的反思……92
5、囉嗦——孩子最厭惡的溝通方式……98
6、十歲是孩子成長過程中的一個關口……104
7、孩子上學後精神壓力很大怎麼辦？……110
8、讓孩子把自己的情緒宣洩出來……117
9、隱私被窺視讓孩子的自尊心譁然破碎……122
10、孩子心裡的不快樂，你知道嗎？——抑鬱心理……127
11、父母心態好，孩子狀態好……133

3 健康心理的種子播下的時間越早越好

1、「苟不教，性乃遷」…… 138
2、家有「撒謊精」，爸媽怎麼辦？…… 143
3、錢或不錢，is a question…… 148
4、順手牽羊未必真的喜歡羊…… 154
5、慷慨大方也要看初衷…… 159
6、教孩子學會「扛得起」…… 162
7、「吃苦情景劇」與挫折教育…… 167
8、愛做家事比不愛做家事的孩子更優秀…… 173
9、嫉妒讓孩子一直活在不愉快中…… 179
10、搶別人東西的背後故事…… 185
11、名牌商品不如名牌心靈…… 189
12、尊重人性或尊重規章制度…… 194
13、讓你的孩子說到做到…… 199
14、幫助孩子控制和疏導情緒…… 202

15、同情心是上帝賜予孩子的最好禮物……206
16、關懷精神並非無師自通……211

4 你的管教遭遇他的青春

1、性教育——青春期教育的重中之重……216
2、給孩子搭建幾道「防火牆」……222
3、吾家有女初長成……226
4、做孩子最好的性心理諮詢師……230
5、焦慮不是成年人的專屬名詞……235
6、你說東，他偏往西……239
7、孩子的「不聽話」有時是一種自我保護……244
8、良好習慣由合理競爭塑造而成……249
9、戀愛是否過早，不應只從年齡上看……253
10、追星的體驗對孩子的成長很重要……258

第一章

上學啦，孩子有了自己的小世界

孩子入學後，其學習活動已經成為主導活動，孩子的社會交往面擴大了，一些與學習、同學、老師有關的社會情感，開始佔主導地位。比如，理智感、榮譽感、友誼感、責任感等都有了一定的發展。此時，孩子的情感正處於過渡期，從外露的、易激動的表現，向內向化、穩定的表現發展。

對國小一、二年級的孩子來說，衡量優劣的標準並不僅僅是學業成績，關鍵在於他們是否具有良好的注意力、自制力、獨立性和好習慣等。有些父母只看到孩子學業成績還可以，就常常會忽略孩子性格、學習能力上的問題。在孩子大一些時，這些問題就會更突出地表現出來了，如學業成績突然下降，情緒不穩定等等。

1 七～十三歲是孩子自我意識發展的鑽石階段

國小階段的孩子身體的器官、系統都發育得很快，心理和思維也會發生很大的轉變。他們活潑好動，精力旺盛，但還不具備足夠的意志力和自制力，所以遇事的時候往往虎頭蛇尾，無法堅持很久且易衝動，這一點尤其表現在學習上。

有位爸爸帶著問題來找我，他有一個上國小的兒子，名字叫輝輝，動手能力很強，老師經常誇獎他能幹，手工做得又快又好。

有一天晚飯後，爸爸興致盎然地教輝輝下象棋，輝輝怎麼也學不會，爸爸急了，訓斥他：「你怎麼這麼笨呀！」

輝輝抬起小臉，一臉困惑地說：「爸爸，昨天老師誇獎我聰明，今天你又罵我笨，我到底是聰明還是笨啊？」

輝輝還真把爸爸問住了，因為他不知道該怎麼回答孩子才是最適當的。

美國社會心理學家庫利透過一系列實驗，提出了「鏡像自我」理論。他認為，每個人對自己的意識是在與他人的交往過程中，根據他人對自己的看法和評價而發展起來的，而且這個過程將持續一生。庫利將之形象地比喻為：將他人看作一面鏡子，從鏡子中可以照出我們自身的樣子，而我們從鏡子中看到的那個樣子就構成了我們的自我。

人類的自我意識是從什麼時候開始出現的呢？心理學家做了這樣的實驗：在小嬰兒熟睡時，往嬰兒的鼻子上抹上胭脂，嬰兒醒來後，讓他照鏡子，結果發現：有些十五個月大的嬰兒就會看著鏡子，摸自己抹了胭脂的鼻子。

從三歲開始，孩子的自我意識發展從生理層面進入社會層面，他們開始從外貌、性格、人際交往等方面認識和評價自己。孩子在國小階段，是自我意識充分發展的時期，自我評價能力也在不斷的增長之中。在這個過程中，家長就要致力於讓孩子形成正確的自我意識。

家長是孩子的第一面鏡子。學齡前的孩子處於自我意識萌芽階段，最容易受到他人評價的影響，家長很自然地成為「第一面鏡子」，映照出孩子的很多個第一次。做為重要的「第一面鏡子」，家長不僅要注意積極正面評價孩子，還要注意評價的一致性。如果家長的評價前後差異很大，或者家長之間對孩子的評價分歧很大，孩子便很難形成對自己的正確認識。在眾多自相矛盾的「鏡像」面前，孩子會茫然，不知道真實的自己到底是什麼樣子。

有時候，孩子的不足就像「鼻子上的胭脂」一樣，別人看得很清楚，孩子自己不知道。爸爸媽媽要在合適的時候幫助孩子正視自己的問題，並幫他及時地擦掉它。孩子能夠逐漸正視自己，就會擁有積極的成長動力。因為他已經成為了自己的鏡子，他知道如何讓自己變得更好。

周圍人對孩子言過其實的讚揚或過分的指責，就彷彿讓孩子照「哈哈鏡」，會使孩子形成不切實際的自我認識。時間長了，就失去了基本的辨別是非的能力和正確的自我意識。平時，你要鼓勵孩子參加各式各樣的活動，多跟小夥伴玩耍，在這個過程中，孩子會發現自己的能力，也會發現自己與別人的不同。讓不同角度的鏡子見證孩子的成長，這將成為孩子一生的財富。

2 孩子需要獨立空間，更需要心靈自由

在培養孩子獨立性的實際操作過程中，各方面的問題都要顧及到。為孩子打造獨立空間的方法有很多，父母們應在不斷地嘗試和運用中，培養起孩子獨立自主的性格和能力。

我有一個學生叫做天天，到了上學的年齡，媽媽覺得他應該學著獨立了，於是給他準備了一個自己的房間。每天放學回家，媽媽就要求天天回自己的房間去做作業，不許他看電視，不許跟小朋友玩。等天天做完作業後，媽媽還讓天天做課外練習，或是練習彈琴。即便是這樣，媽媽還是不放心，隔一段時間就要進來看看天天有沒有偷懶，有時候乾脆守著孩子做作業。

就這樣，天天每天的時間都被排得滿滿的，心靈總是覺得不自由。他告訴我，他不是在學校被老師看著，就是在家裡被媽媽管著，根本就沒有自己玩耍的時間。愛玩是孩子的天性，天天待在自己的房間裡怎麼也不想按照媽媽說的去做，不僅做作業磨磨蹭蹭，有時候還愛發呆，一個人望著窗外，看著小朋友們玩得開開心心，而自己卻只能一個人待在家裡，心裡雖然有很多抱怨，卻不敢告訴媽媽。漸漸地，天天變得越來越沉默寡言。

天天的這種情況屬於普遍現象，很多父母覺得孩子到了一定年齡，讓孩子獨處有助於培養孩子的獨立性。這種想法不錯，但是很多父母打著獨立的大旗，卻無法做到讓孩子真正獨立起來，跟往常一樣，什麼都為孩子準備好，孩子要什麼就給什麼，把孩子的時間安排得充實緊湊。然而，父母可否想到，給孩子安排獨立的房間只是形式上的獨立，孩子還需要屬於自己的心靈和精神空間。孩子越漸成長，和我們成年人一樣，需要有支配的權利，包括他們的時間、私人物品以及思想。

孩子需要自己去實踐自己的人生，而不是去執行大人的命令。如果孩子的一切事物大人全權包辦，那麼大人永遠也不要期望能培養起孩子的獨立性和自主性。要知道，孩子也是獨立的個體，對人對事有自己的觀念和判斷，也許因為年齡小，還缺乏一些自制能力和生活的經驗，難免會犯一些錯誤，但是做為過來人，你應該懂得犯錯是必要的，人生需要犯錯帶來的經驗與教訓。比起事事為孩子考慮周到和教會孩子面對挫折的勇氣，後者當然更為可取。

給孩子一些自由的空間，讓他有自主選擇的權利。那麼將來孩子在面對人生選擇的時候，也就不會顯得那麼侷促而束手無策。

孩子的成長過程，父母的干涉程度過高，對孩子表現出過分的關注，要嘛導致孩子到成年以後還不能「斷奶」，事事依賴父母，要嘛會產生反感、叛逆的心態，他們渴望人格和心靈的獨立的要求會越來越高。所以如何實現自身與孩子保持相對的獨立性，給予孩子一個真正自由的空間，也就顯得尤為重要。

孩子慢慢在長大，為人父母要明白一個道理，一個人的成長是任何人都無法代替甚至不可過度參與的事情。父母不可能永遠控制孩子，你能做的只是陪伴，在孩子的成長中，父母充當好輔助、引導的角色就可以了，選擇和判斷則交由孩子自己完成。

據一項權威統計顯示，國內大概有百分之三十的家庭存在著陪讀的現象，都市中的家庭，還要大於這個比例。為了孩子的未來，很多家長寧願放棄自己的事業，在家裡專心帶孩子，送孩子上學、放學，等孩子回家後還要輔導孩子的功課，陪讀的現象早就已經是司空見慣的事情了。

國外某著名的教育專家曾說過：「最可怕的是用父母的幸福來栽培孩子的幸福。」家長望子成龍，望女成鳳，督促孩子學習這一點，本屬正常，但是過度的保護卻容易適得其反，陪讀可能會造成孩子的能力缺失，孩子一遇到困難就想到有父母為他們保駕護航，逐漸地產生依賴心理，根本得不到應有的鍛鍊，對自理能力本來就差的孩子來說，根本談不上獨立。

3 一隻得了關節炎的小烏龜

實際上，喜歡拖延的孩子心情不見得就是輕鬆的，反而會在拖延的過程中感覺到疲乏。不論是在玩耍中，還是在休息時，應該做而沒有做的任務總是會無形地壓在心裡，給自己一種壓迫感。拖延不但不能省去精力，還有可能讓孩子心力交瘁。

所以，一定要督促孩子養成「有事及時做」的習慣。只有完成了，心理上才會輕鬆，玩也玩得盡興，睡也睡得安穩。

孩子有拖延習慣，是我的家長訪客中最普遍提到的一個問題，我隨便就可以舉出很多例子。例如有一個家長訪客，就為自己孩子諾諾而一籌莫展。

諾諾做什麼事都拖拖拉拉的，晚飯從六點開始吃，吃到八點都吃不完，寫作業幾個小時都寫不完。早上叫他起床準備上幼稚園，穿衣服也慢慢的，非得等媽媽幫忙才能穿好，再過二十分鐘才從房間裡走出來，刷牙、洗臉也需要半小時。媽媽常常因為兒子的拖延，送完孩子上學，自己上班也遲到了。

爸爸媽媽好話、歹話說盡，諾諾卻反過來頂嘴：「誰叫你們不早點叫我起床？誰叫你們不早點做早餐？」說到學習，更是讓人頭痛。放學之後玩玩這個，玩玩那個，就是不完成作業。總是要拖到最後一刻，才會急匆匆地寫，寫完大概也到深夜了。

有隻「小烏龜」的家庭不在少數。為什麼小烏龜會這麼多？原因不只一個，有些父母過於溺愛孩子，包辦了孩子生活中大大小小的事情，讓孩子無法體會到拖延給自己帶來的壞處，反而享受到了拖延給自己帶來的好處：比如衣服穿不好，媽媽會幫他穿；比如吃飯太慢，媽媽會端起碗餵他……我的一個小學員，暑假作業拖了一個假期都沒有寫，快到開學的前幾天才發動表哥、表姐一起替他寫，竟然最後一刻趕完了，還洋洋得意地說，這才是名副其實的「家庭作業」。

還有一些父母，對孩子過於嚴厲，也會讓孩子產生叛逆的心理，就想跟大人作對。你要我快點？我偏要慢吞吞的！

顯然，孩子的拖延心理，嚴重影響到他的生活和學習，做爸媽的又該怎麼辦呢？

由於孩子的年紀小，自制力畢竟無法與成人比，拖延的心理還是需要家長幫助克服。爸爸媽媽可以找個時間與孩子協商，分清楚哪些事情是需要大人提供幫助的，哪些事情是需要孩子自己對自己負責的。在需要孩子自己負責的領域內，讓孩子自己去做。不論結果如何，你都不要為他承擔這個責任。比如，孩子拖拖拉拉不想起床，你可以不去催，等孩子上學遲到，被老師責罵，他自然會知道這是自己的錯，不是因為你不叫他，他才起不來的。遲到是他自己的責任，不能怪別人。如此一來，就可以養成自我負責的好習慣。

人通常是健忘的，為了避免孩子「吃一塹，不長一智」，要及時將孩子因為拖延而引起不良後果的事件記錄起來，用以提醒孩子警惕拖拉。

另外，給孩子設定做事的期限。有限制才有緊迫感，才能讓孩子珍惜有限的時間。像諾諾一樣的孩子，起床磨蹭、刷牙洗臉磨蹭、走路也磨蹭。如果媽媽給他規定一個時間，在十分鐘之內起床、在十五分鐘之內吃完飯，孩子就會有緊張意識，進而加快自己的速度。規定他半小時內完成作業，他就不會再東張西望，也不會邊玩邊做作業。

快與慢其實是一種做事的習慣，給孩子設定期限，也就是幫助孩子克服動作緩慢的習慣，養成正常的做事節奏。如此一來，不但可以節約時間，提高效率，而且還能讓孩子呈現一種精神奕奕的狀態，也是健康的表現。

古語說「今日事，今日畢」，拖延直接導致了時間的損失，精神的依賴，如果從小不克服拖延的毛病，對孩子今後的人生之路會非常不利，將會直接影響到孩子長大以後的執行力，影響到他的工作和學習。不僅是孩子，有嚴重拖延症的成人也不在少數。「以後再做」、「一會兒再做」、「明天再做」，當孩子這麼說的時候，其實就是找藉口拖延，已經有了浪費時間的苗頭。父母一定要在這個時候硬下心腸，告訴孩子：「今天有今天的事做，明天又有明天的事做，別把今天的事拖到明天，不然明天你的事更多。」

4 要不要與孩子做朋友，是個讓人糾結的問題

中國有句古訓：「嚴師出高徒。」這句話本沒錯，但很多父母理解過了頭，對孩子過於嚴厲，不僅破壞了良好的親子關係，更有甚者為此毀了孩子的一生。

中國還有一句古訓，出自於《道德經》：「反者道之動，弱者道之用。」明確揭示了教育的真諦，當父母肯拋棄傳統教育理念中「上下級」的親子關係，才能夠真正教育好孩子。

所以，儘管當下與孩子「做朋友」的相處方式遭到了質疑，甚至由此演變為另一種溺愛，很多家長仍舊不願放棄這個教育理念，面對漸漸長大不再聽話的孩子暗自糾結著。

有個方法或許為你提供了另一條出路——在該做朋友的時候做朋友，在該管教的時候管教，同時尊重孩子獨立人格的建立，創造良好的家庭氛圍，不妨一試。

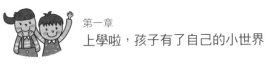

我的親子關係班中有一位家長，一直用朋友式的方式和孩子相處。在家庭教育中，盡量滿足女兒楠楠的要求，給她足夠的自由。在楠楠上國小之前，母女之間沒有任何代溝，楠楠哭鬧的時候媽媽往往也能以四兩撥千斤輕鬆化解，但楠楠上國小之後這招似乎不管用了。

有次，楠楠想要晚點睡，媽媽就和楠楠說：「今天上班好累，我們去休息好不好？爸爸也在等我們呢！」

以往楠楠都會答應她，並且像個「好朋友」一樣摸摸媽媽的腦袋哄她：「媽媽不怕，我們早點休息，明天繼續加油！」

可是這次楠楠卻說：「妳總說我們要平等相處，我現在一點也不睏，妳就先睡吧！妳怎麼總干涉我的自由，好煩！」

媽媽不明白孩子為什麼會一反常態，問我究竟哪裡出了問題？是否當孩子上了國小之後應該用「管教」模式和孩子相處呢？但是書上說「管教」模式似乎對孩子的性格發展會有所壓迫，怎樣才能讓楠楠像小時候那樣聽話？要怎樣做才能使母女之間繼續無代溝的溝通呢？

雖然爸爸媽媽心裡也想跟孩子做朋友，但是有些家長會認為，在孩子十八歲正式成人獨立前，和孩子成為真正的朋友是不可能的。孩子一歲時，想要的朋友就是和他一起吃奶的玩伴；孩子十歲時，想要的朋友就是和他一起玩遊戲的同學。孩子成年前，你或許以為和他們的關係只是教育和被教育的關係，這種關係決定了你無法在孩子成年前和孩子真正成為朋友，只有當孩子具備像成人一樣思考的能力後，父母才會有選擇性地向孩子學習，放心地給孩子充分的自由，同時尊重孩子的每一個選擇和決定。

然而事實上，與孩子交朋友這件事是可以實現的。日本教育學家鈴木鎮認為，孩子是一個獨立的生命個體，會渴望與尊重、理解自己的人做朋友。父母是孩子最先交往的人，如果能放下自己權威的架子，與孩子做朋友，那麼良好的親子關係自然就會建立起來。

我對鈴木鎮老師的話感觸特別深：與孩子做朋友，不在於孩子年齡有多大，要看父母的出發點。希望自己有不同於中國傳統管教與被管教的教育模式，可以換取孩子的充分信任與理解，讓孩子聽話，這是大多數父母選擇與孩子做朋友的出發點。楠楠的媽媽也是因此才與楠楠「做朋友」的。但在與孩子做朋友的過程中，爸爸媽媽們應當採取科學的方法，結合孩子不斷成長的心理和不斷轉變與完善的性格，隨時調整「戰略」，理論結合實際才能真正達到和孩子「做朋友」的目的，不再糾結。

為了與孩子有更好的溝通，爸爸媽媽需要瞭解孩子真正感興趣和真正想要的是什麼，順利走近孩子的內心世界，與孩子建立良好的親子關係。

和孩子相處，理論結合實際很重要，性別也是一個重要因素。

孩子在七～十三歲這個階段，不會像小時候那樣依賴媽媽，男孩比較喜歡和爸爸交流，同時開始模仿爸爸的某些「大男人」行為，女孩則樂於像媽媽一樣照顧家人，並且嘗試與媽媽探討某些「女性」話題，比如穿哪些衣服比較好看？最近流行什麼樣式的髮型等等。

在這個時期，爸爸對男孩和媽媽對女孩的影響，是不可忽略的，如果孩子沒有得到期望的一方所給予的關愛和引導，就會開始在家庭甚至在學校裡製造麻煩，以此吸引你的注意。

所以，在國小階段，爸爸更適合做男孩的朋友，媽媽更適合做女孩的朋友，當然，無論男孩或女孩，都需要父母雙方的共同關懷，但一定要記得給孩子自由，為孩子日後獨立打下基礎。

用「做朋友」的相處方式教育孩子，是一個很好的方法，但在與孩子做朋友的過程中，絕對不要過於溺愛孩子，導致孩子產生家庭中以他為中心的觀念，這樣就違背了與孩子「做朋友」要建立在平等的基礎上的原則，父母要掌握好其中的度。

身為父母，就算選擇了與孩子「做朋友」，也不可能在每一次教育孩子的過程中都用正面的方式去教育，難免會出現氣急的情況，這時往往會發生強制管教，讓孩子必須承認錯誤或必須做某件事。某位教育界的朋友說：「很多對孩子的突發強制管教，其實是源於家長對孩子過早地進行負面判定。」

家長們通常都在孩子很小的時候就給孩子設置了日後發展的標準，當孩子達不到這些要求或沒有往「正確」的方向發展時，家長們就會試圖透過各種方式讓孩子達到標準，甚至不惜強制管教。

在這種情況下，父母一定要理智對待，及時思考，反思一下你給孩子訂的目標是否過高？你不能要求一個四、五歲的孩子長時間坐在書桌前讀書，也不能要求讀國小的孩子心無旁騖地只想學習。

為孩子的未來做合理規劃，不但對孩子的發展有很大幫助，還能避免發生突發性強制管教的次數。

5 上帝也單親

毋庸置疑，單親孩子更需要關愛，比起物質，單親孩子更需要心理上的關愛。學會關注單親孩子的心理發展，適量滿足單親孩子的心理需求，無論是「袋鼠媽媽」，還是單身奶爸，無論窮教還是富養，都要避開單親教育盲點，讓孩子感受到滿滿的愛，健康、快樂地成長。

我有一個朋友，離婚的時候，將孩子改名叫「歡歡」，希望她和前夫失敗的婚姻不會影響到孩子的健康成長，寓意歡歡可以如父母離婚前一樣歡樂。

為此，她省吃儉用，給歡歡吃好的、穿好的、用好的，只要孩子開口，她都會答應。前幾天，歡歡和她說想去西班牙，她想了想，剛剛上學的歡歡開銷比以前更多了，公司不太景氣，她已經連續幾個月沒拿到銷售獎金了，一趟西班牙雙人遊要花費很多，這對我朋友而言不是一個小數目，便拒絕了歡歡的要求，誰知，歡歡馬上大哭了起來，他說：「媽媽，我就知道你們不愛我！不然你們為什麼要離婚呢？你們要是愛我，一定會為了我在一起的！」

看著哭泣的歡歡，我朋友很痛心，打電話跟我說：「這些年，我決定當一位合格的單親媽媽，可是歡歡卻感受不到我的愛，究竟該怎麼做才能讓歡歡真的歡樂呢？我該不該答應歡歡的要求帶他到西班牙玩，用更多的關愛讓他快樂呢？」

隨著離婚率的居高不下，單親孩子的教育已經成為了一個突出的社會問題。儘管很多人建議離婚時媽媽放棄撫養權，以便於再婚，但更多媽媽寧願放棄自己的「未來」也要撫養孩子，像保護孩子的袋鼠一樣，所以，單身媽媽被很多人稱為「袋鼠媽媽」。

除了「袋鼠媽媽」的情況，有些家庭也因為各種原因，不得不實行單親撫養制，父親或母親一方遠離家鄉，外出工作或者進修，另外一方在家教育孩子、照

顧老人，孩子在成長過程中，大部分時間都是被單親照顧的，除了真正意義上的單親家庭，這種形式的單親家庭也要學習單親家庭教育子女的方法。

美國一位科學家做過一次名為「感覺隔離」的試驗——讓一個人待在完全與世隔絕的屋子裡，幾個小時後，此人產生幻覺，再過一些時候，此人心理崩潰精神失常。這說明，人需要常常和外界接觸和溝通，從而獲取知識，全面提升。

美國著名學者H．奧托認為，把一個人與世隔絕，是現在能夠採取的最嚴厲的刑罰。有些單親父母因為太過於在意孩子的安全，只允許孩子在自己視線範圍內活動，限制孩子與離異伴侶來往，在上班的時候，把孩子關在家中。這和「感覺隔離」試驗如出一轍。單親孩子，本來就缺少父（母）愛，心中深藏著痛苦，更需要和朋友交流，千萬不要讓孩子孤單地成長。

反之，有一部分單親父母則因工作繁忙，或因離婚對孩子厭惡，或擔心孩子經常一個人在家而性格孤僻，過於放任孩子，令孩子在離婚時形成的「爸爸媽媽忽略了我」的觀念，加重為「爸爸媽媽不管我了」，無形中加重了對孩子的傷害。

單親父母的難處想必都是一言難盡的。但如我朋友一般的單親媽媽，顯然對孩子存有錯誤的教育傾向，那麼單親父母究竟怎樣才能給像歡歡這樣的孩子最好的關愛呢？

首先，作為單親家庭中的家長，你要在努力工作的同時，及時排解心理壓力，保持樂觀向上的心態，給孩子帶來安全感，給孩子一個踏實、穩定的成長環境。盡量瞭解孩子在不同年齡層的心理發展，尤其是在國小階段，每天心態都會發生不自覺的變化，多和孩子溝通，瞭解孩子的困惑，有針對性地培養和塑造孩子的性格，維持孩子的心理健康。

為了給單親孩子營造良好的成長氛圍，很多單親父母都不約而同的選擇拒絕再婚，其實這完全沒有必要，只要避開容易傷害孩子的年齡階段，再婚並不能說明你不愛孩子了。

孩子六歲以下和十八歲以上，是適合單親父母再婚的時期。六歲以下的孩子年齡較小，對有些事情似懂非懂，父母的再婚對孩子的打擊和傷害相對較輕；十八歲以上的孩子步入成年階段，思想發育成熟，心理承受力較強，相對會比較尊重父母對感情的處理，但七~十七歲的孩子，則不容易接受父母再婚。

七～十歲的孩子看似不懂，其實全懂，但心理承受能力很弱，很容易受到傷害；十一～十七歲的孩子處於青春期，自我意識、獨立意識和叛逆精神表現得尤為強烈，心理仍舊半熟的他們很可能會用過度激烈的叛逆行為來「反抗」父母的再婚，嚴重影響親子關係，甚至一生都難以修復裂痕。

但如果因為種種原因，不得不在孩子七～十七歲期間再婚，必須明確告訴孩子無論自己是否再婚，對他的愛都不會變，降低孩子因監護人再婚所滋生的焦慮情緒，同時要給孩子一段適應期，不能強硬要求孩子馬上適應家庭新成員的加入。在適應期內，隨時關注孩子的心理變化和心理需求，和孩子建立充分信任的關係，再婚雙方都要多陪伴和關心孩子，幫助孩子盡快適應，如果孩子不能很快適應，要取得孩子的理解和諒解，不能逼迫孩子接受事實。

6 該不該讓孩子管大人的事

心理學家認為，把孩子和大人的世界隔開，看似利大於弊，實則弊大於利。孩子透過父母瞭解工作或人際交往方面的事情，是迫切希望長大的信號，這個信號表明孩子想用成人的方式與父母溝通。如果被拒絕，孩子會認為家庭以外的世界非常複雜，很難學到處理矛盾、適應社會的能力；對人情世故和社會規則一無所知的孩子，在成年後沒有踏入社會必經的準備過程，會受到較大衝擊。

有一個學生家長打電話給我，說自己前一段時間工作特別忙，壓力很大，還和上司鬧了些不愉快。老公每天回家後總是一臉憂愁的樣子，讓她特別心疼，同時也提醒自己，別在女兒小荷面前表現出來，免得讓小荷多想，影響學業。

誰知，怕什麼來什麼，某天老公加班，她拖著疲憊的身軀回到家，女兒小荷

一臉關心地問她：「媽媽，您怎麼了？」

重壓之下她沒有多想，脫口而出：「大人的事妳少管，好好讀書就行了！」

當時小荷撇撇嘴，沒有表現出很生氣的樣子，但幾天之後吃晚飯時，她突然對爸爸說：「以後你們的事情我不會再問了，我會好好讀書，但是讀書之外的事情你們也少管。」

小荷說這話的時候很平靜，就像在說一句無關緊要的話一樣，但她卻不知道，這句話已經深深地傷害了爸爸和媽媽。

很多家長不願意孩子管自己的事情，一來是擔心會影響孩子學業，二來覺得孩子還小，懂的事情很少，說了也沒用，既浪費自己的時間也浪費孩子的時間。然而，這是一種錯誤的觀念。我給小荷媽媽出的主意是，有選擇地和孩子說說自己的煩惱。

小荷媽媽簡單地和孩子聊聊，沒想到女兒興致勃勃地給她出了很多主意，當然這些主意一點用場也派不上，但當媽媽的心裡還是暖暖的，高興之餘，她也會稱讚女兒的提議非常好。女兒也很開心，裝著大人的樣子說：「媽媽，就算我不能幫妳排憂解難，也能幫妳出出主意，以後有事情要和我說哦！」那一刻，小荷媽媽說她真正體會到了女兒是媽媽貼心的小棉襖，覺得特別幸福。

孩子雖然年齡小，但你也不要拒絕孩子的關心。其實，被孩子關心才是莫大的幸福，而且隨著孩子年齡的增長，和他聊聊大人的事情也有很多意想不到的好處：

一、常常肯定孩子的主意會使孩子變得更加自信。

二、和孩子聊自己、家庭的事情會使孩子明白自己的重要和責任，養成關愛他人的好習慣。

三、可以讓孩子瞭解真實的自己和社會規則。

很多專家總是強調要和孩子做朋友，朋友就應該相互交流，不能只引導孩子說出他自己的事情。年齡大些的孩子往往不吃這一套，更喜歡互動，與孩子說說我們自己的事情，更容易使孩子信任我們，建立良好的親子關係。

大人和孩子的思考方式不同，有句俗語說大人吃過的鹽比孩子吃過的飯都

多，講的就是家長的處事經驗多於孩子。我就是在這種環境下長大的孩子，在大學畢業以前，父母從沒有讓我插手家裡一丁點的事情，那時我像小荷一樣氣憤，認為父母沒把我放在眼裡，只知道讓我讀書，直到進入社會工作後，我才體會到爸爸媽媽盡全力保護我的心。但是這種保護，總讓我覺得有絲絲的遺憾，遺憾不能在父母心裡難受的時候為他們分擔，其實當時我是有足夠的理解力，來接受他們的煩惱的。

未成年的孩子都很敏感，具備從父母表情中分辨父母心情的能力，如果父母明明心情不好卻故意說「沒事」，會讓孩子感到父母言行不一致，認為父母和他相處時不夠真誠，最後導致親子關係出現問題。

讓孩子瞭解我們的事情，可以增強孩子的家庭歸屬感，但是提倡讓孩子管你的事情，並不是讓孩子知道父母所有的事情，孩子有隱私權，我們也有隱私權。

當孩子問你「發生什麼事情」的時候，你不妨以孩子能夠接受的方式大大方方地告訴孩子，請孩子幫忙出謀劃策，同時和孩子探討處理該件事情最為有效的辦法。如果事情確實難以和孩子啟齒，也不要直接了當地對孩子說「大人的事情你少管」之類的話，這句話曾經傷害過很多孩子，因為當你說這句話時，會不自覺地採取焦急或氣憤的語氣，加之身體語言的表達，明顯給孩子拒絕關心或厭惡關心的感覺，使孩子認為侵犯了我們的隱私，對你抱有負罪感，影響孩子在家庭中的安全感和價值感。

父母可以用溫和的口吻對孩子表明態度「這是爸爸媽媽之間的事情，爸爸媽媽必須自己處理和解決」，並適時詢問孩子「你可以尊重我們的決定嗎？」讓孩子瞭解我們愛他的心，樹立雖然他是家庭中重要的家庭成員之一，但並不是任何事情他都享有知情權，跟他沒有關係的事情，就不要過問，以此來為孩子設置詢問的界限。讓孩子明白，雖然你愛他、尊重他，但並不代表你對他完全「不設防」。

7 不要輕易揚起你的巴掌

常言道，孩子愛反抗是因為心理需求沒有得到滿足，孩子只能透過「反抗」來引起父母的注意，所以，當孩子突然愛反抗時，我們要及時和孩子溝通，用心傾聽孩子的訴求，充分理解孩子的情緒，讓孩子感受到我們對他們的愛和尊重，一味進行打罵教育，是「治標不治本」的方法。

我們班的「叛逆少年」小志，特別愛反抗，而且是以各種方式來反抗。老師督促他讀書時，他會頂嘴；媽媽要他快點起床去上學，他就故意拖延；媽媽提醒他玩電腦的時間過長，他就用力摔滑鼠。最初，爸爸看到小志這樣非常生氣，有好幾次都忍不住要打小志，但都被制止住了。可是時間長了，小志反抗的次數多了，媽媽也很生氣，有一次忍不住揚起了巴掌。小志並不害怕，小臉一揚，媽媽

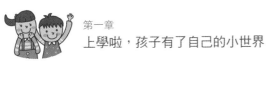

見不打似乎也下不來臺階，就一巴掌下去了。看見小志的眼裡也噙著眼淚，媽媽心裡充滿了自責。

無獨有偶，我還收到過這樣一封來信：

在我們班上，大部分同學都被父母打過，我也是其中之一。我非常羡慕那些沒有被父母打過的同學，尤其是在每次我沒考好，父母打我的時候。

在一次的數學考試中，我只考了六十五分，老師要求家長簽字，為了不挨打，我回到家後欺騙了爸爸，對他說：「這次考試全班同學考的分數都不高，老師也說及格了就可以。」爸爸相信了，沒有打我。

但好日子不長，不久後的家長會後，爸爸回來就狠狠地揍了我一頓，說撒謊的孩子必須要打。我很希望爸爸媽媽可以在考試之後和我一起分析試卷，對我講解不太懂的題目，但是他們永遠只看重我的分數。

後來，我成了「愛反抗」的孩子，爸爸媽媽讓我做什麼事我都會有意無意地反抗他們，既然得不到他們的愛和理解，我就反抗到底。可是有時候看著爸爸媽媽操勞的身影，我的心裡又很難受，我該怎麼辦呢？

近年來，「虎媽」、「狼爸」頻頻出現，鐵腕教子的教育方式再次引起爭議。很多家長知道打孩子不對，可是當孩子就是愛反抗的時候，到底該不該打呢？如果打了，孩子會不會因此更愛反抗，直接離家出走？如果不打，可以用什麼辦法來解決呢？

在古時候「不打不成器」的傳統教育理念，培養出了千千萬萬個人才，《史記》中就有過明確記載。有些家長覺得透過打的方式來教育孩子是天經地義的——孩子從家庭步入到社會，如果不透過強制手段讓孩子認同某些規則，孩子日後很可能會適應不了社會環境，不能成為一個對國家、對社會有用的人。但事實真是如此嗎？

我的主張是無論孩子做錯了什麼事，都不要打孩子，孩子愛反抗一定有孩子的原因，在沒弄清楚原因之前，就因為生氣而打了孩子，且不提你心疼與否，對孩子的傷害也非常大，這種傷害表現在兩個方面。

首先會對孩子身體造成傷害，家長們在盛怒之下的出手往往掌握不好輕重，一個在醫院工作的朋友告訴我，扇耳光會造成鼻腔出血、牙齒脫落和損傷聽覺神經的後果，打屁股會發生因皮下淤血所致的腎創傷，如果傷到坐骨神經還會影響到脊椎的健康，直接或間接損傷腦幹。就算是避開這兩個常被傷害的部位下手，也有可能會發生骨折、流血甚至休克的情況。

除了身體上的傷害，同時還會對孩子的心理造成傷害，當被孩子視為最親密的父母打自己時，孩子的心理會非常恐懼，大多數被打的孩子都會或多或少降低對父母的信任度，如果傷害過大，還可能會喪失信任他人的能力，更可能因此而無法在日後的工作團隊中提出自己的意見，缺失團隊合作精神。

如果得不到良好的心理輔導，孩子被打時產生的憤怒心理將會伴隨他們一生，一旦進入青春期，很容易進化為叛逆心理。

女孩子尤其打不得，小時候常挨打的女孩成年後往往性觀念開放，在婚姻戀愛方面也傾向找脾氣暴躁的「大男人」主義的配偶，這就是人生的惡性循環之一，也是父母送給孩子的壞禮物之一。當父母不尊重女兒的身體時，女兒也會在潛意識裡輕視自己的身體，如果經常被父親打，則直接為日後婚姻的不幸埋下伏筆。

孩子都很善於模仿，如果父母選擇「以暴制暴」的方式來教育孩子，孩子很

可能在學校或其他環境中模仿父母的「暴力」行徑，比如對同學大叫大嚷，或乾脆動手解決問題等。

可見，爸爸媽媽的打罵對孩子造成的不良影響是非常多的，為了孩子的身心健康，請不要輕易揚起巴掌。

當父母因為孩子反抗而控制不住情緒時，可以採用暫停的方式，比如對孩子說：「這件事以後再說，我們都要冷靜思考一下。」或者直接告訴孩子正確的做法，並且向他說明一定要讓他這麼做的理由，同時和孩子一起商量設定思考和履行的時限，不要馬上讓孩子認同我們。

另外，很多家長想對愛反抗的孩子動手的原因，在於認為孩子挑戰了自己做為家長的權威，意圖透過打孩子讓孩子服從。研究顯示，父母與孩子之間的衝突，多半都是由於父母和孩子「較勁」，家長和孩子之間難免會有代溝，但放下身段平等地與孩子溝通才是好的解決辦法之一。

我家樓上住了一位大學教授，這位先生教育孩子很有一套，他不主張打孩子，但必要的時候也會打，而且打的很有水準。

一次，他家孩子偷偷拿走了我的手錶，他知道後很生氣，決定要打孩子一頓，在打之前，他和孩子說：「兒子，因為你今天偷拿了鄰居的東西，所以爸爸要履行教育你的責任，決定打你了。你想讓爸爸打兩下屁股還是打一下手心呢？」孩子想了想，選擇了打一下手心。

同樣是打，這位大學教授的打就很有效果，在這之後，他家孩子再也沒有偷過東西。對這種打孩子還要與孩子商量的教育方式，他解釋道：「第一，我告訴了孩子打他的原因；第二，我在打孩子之前告訴了孩子，沒有嚇到他；第三，孩子自己選擇責罰方式令他有控制局面的感覺，不會傷害孩子的尊嚴。孩子在挨打之後，我引導孩子樹立好思想、好品德時，孩子多半會反思進而認識到自己的錯誤。」

做為家長，我們要用積極的心態看待孩子的反抗，用正確的方式教育孩子，當然，也要用科學的方式「打」孩子，因為科學的「打」也是教育孩子的方法之一，當你覺得不得不打孩子的時候，先想想你「打」的分寸在哪裡。

8 「我有缺點，你不准學」

古人有云：「責人寬，責己嚴」。家長做得有禮有節，孩子就會有模有樣。做到用七分的注意力來「責己」，用三分的注意力去「責子」，才是明智的父母。這種教育方式效果最好，效率最高，引起孩子反彈的機率也最小。

「家庭教育的本質是家長的自我教育」，教育專家的這句話，就是這個意思。

我有一個朋友春嬌，某天在與我吃飯的時候整個晚上都悶悶不樂，問她是怎麼回事，她說在生寶貝女兒艾艾的氣。午飯前，她看到女兒最近讀書挺辛苦的，就想跟孩子聊一聊，問問她最近都在忙些什麼。誰知道艾艾一開始還會搭腔，後來被問得煩了，直接對著她發脾氣：「妳又不是警察，問那麼多幹什麼！」

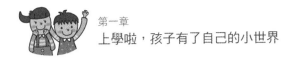

春嬌也很生氣：「我這是關心妳，把妳養這麼大，妳這什麼態度?!」

艾艾撇撇嘴說：「妳自己不是都這麼跟我爸說話嗎？我這麼說怎麼啦？」

春嬌火氣更旺：「我能這麼跟妳爸說話，妳就是不能這麼跟媽媽說話！」

艾艾不服氣：「跟人說話還有兩個標準，這是什麼規矩呢？」這下，春嬌可真的氣著了，連飯都沒吃就回自己房裡了。

她心裡越想越不是滋味：「女兒小小年紀就敢這麼跟我說話，我整天忙來忙去的還不是為了她？跟她爸爸大聲說話也是心裡委屈，這個不知好歹的孩子，虧我還這麼疼她！」

春嬌跟我說著說著就掉下眼淚。等冷靜下來，春嬌認真思索了艾艾的話，想著是不是自己平常逞強跋扈的樣子影響到了女兒。她一邊覺得孩子傷了自己的心，一邊又對自己平日的言行覺得後悔。

後來，我找了一個機會問艾艾這件事，艾艾還覺得很奇怪，說：「媽媽也真是的，我只說了她兩句就這麼生氣，她平常不都這麼跟別人說話的嗎？媽媽對爸爸總是沒有好臉色，一點小事就發脾氣。」

為人父母要知道，孩子的言行就是你的一面鏡子，因為你是孩子的榜樣，孩子無時無刻不在關注著你的一舉一動。對自己和對孩子，使用雙重標準，是教養不好孩子的。

我小時候就發生過一件事情，有一天吃飯的時候，媽媽突然對我說：「妳眼睛不舒服嗎？」我回答沒有，她就教訓我說：「那妳不要總是擠眉弄眼的好不好？」

我當時就反駁她說：「妳為什麼不以身作則呢？」——我擠眼睛這個毛病就是從她身上學來的。媽媽當時就發怒了，大吼說：「大人怎麼樣妳就可以怎麼樣嗎？妳是小孩子！」

因為那天我媽媽發了很大的火，所以這件事在我記憶中印象深刻。

在教育孩子方面，「以身作則」是老生常談的話題了，但還是有很多家長做不到。在孩子的心理成長階段，模仿是一個最基本的成長方式。做父母的尤其要樹立好榜樣，給自己一個正確的導向。自己都做不好，卻要求孩子做對，這是一種十分不合理的現象。照道理來說，若知道自己的某種做法會給孩子造成不好的影響，你就不應該去做。既然做了，就不應該怕孩子學。但有些家長的態度卻是：我可以，你不可以。

外國有句諺語：「人看不見自己的缺點，就跟看不見自己的鼻子一樣。」這不僅僅是認知水準的問題，還是習慣問題。人們總是對自己的缺點視而不見，而對別人的缺點敏感有加。這也是人性的弱點之一。的確，教育別人比教育自己容易。因此，我們經常見到家長睜著自己一雙警覺的眼睛，用放大鏡，甚至是顯微鏡來找尋自家孩子身上的缺點，卻對自身的毛病毫無察覺。

有些家長會強詞奪理：「我知道我有缺點，但就是因為這樣，我才要讓孩子別犯我犯的錯，不然他怎麼會比我強呢？」這聽起來似乎挺合理的。比如：我是一個愛罵人的人，我知道這樣不好，但又改不了，於是就嚴令禁止孩子罵人。或許這樣會有一定效果，但最後卻會適得其反。

這種「我有缺點，你不准學」的教育模式，即便取得某種程度的成功，也要付出重大的代價。這會降低你在孩子心中的威信，也會喪失家長的好榜樣作用。做家長的，在孩子心裡失去份量，還談什麼家庭教育？你要讓孩子學好的，固然

是隱藏著你也想改造自己的美好想法。但這種方式無疑是一種逃避，是對自身責任的推卸。

做為父母，要想給自己的孩子做出好榜樣，有三件事是缺一不可的：

第一件事就是要經常審視自己的行為。多站在第三者的立場，觀察自己的行為，發現自己的缺點，盡最大可能改正自己的缺點。這不是讓你要一刻不停地自我檢視，也不是讓你成為沒有缺點的聖人。若有缺點，坦誠地對孩子說明，讓孩子知道自己也是不完美的。這不是丟人的事情，因為，孩子永遠以父母為第一任老師，別讓你的言行不一影響到孩子。

第二件事就是以同等標準對待孩子和自己。父母要客觀地對待自己，盡可能地提高自己，完善自己。別總用挑剔的眼光放在孩子身上，抱怨孩子的不爭氣。若你是熱愛生活，能給孩子提供的也是源源不斷的能量和動力。反之，若你自己身上都沒有這種上進的正能量，卻要求孩子做這個、做那個，和這個學、與那個比，那孩子心裡自然就會產生「憑什麼你能這樣，我就不能呢？」的想法。就如艾艾一樣，她心裡會想：「媽媽自己都這樣，輪到我怎麼就不行了？」

第三件事相當重要，那就是經常與孩子談心。孩子的心是很敏感的，他們有著自己的世界觀和審美觀，或許還不成熟，但不論如何都是他們的想法，他們在用自己的視覺、觸覺、嗅覺和聽覺來感知這個世界，審視自己身邊的每一個人，尤其是與自己最親近的父母。許多父母自認為很愛孩子，卻很少與孩子談心，以致於根本不清楚自己在孩子心裡到底是怎樣的一個形象。想想看，與孩子缺乏交流的教育方式是不是相當於父母在自說自話呢？

9 沒有小夥伴，孩子變成「小網蟲」

網路是一種十分便利的交流媒介，也是時代發展的產物，是現代化社會每個人不可或缺的資訊工具。在家庭教育中，你也要適時地提升自己，讓自己具備更多的網路知識。一個知識落伍的家長是很難在孩子的心目中樹立起權威的。你可以不利用網路，但是有必要對網路文化有一定的瞭解，這樣才能跟孩子有共同語言，才能更理解孩子，幫助孩子走出不良網癮的漩渦。

我有一個「問題學生」小亞，年紀雖然不大，卻是一個已經有三年網齡的「小網蟲」了。小亞接觸網路的時候只有七歲。一接觸，他就與網路一見鍾情，被網路那神祕而博大的世界迷住了。小亞的父母見自家的孩子那麼喜歡上網，就在他的房間給他安設了一臺電腦。剛開始的時候，小亞只會用電腦來玩一些小遊戲。

每天下午放學，在爸媽沒回來之前先坐在電腦前玩一會兒。等爸爸媽媽一回來，就趕緊關電腦，開始寫作業。之後，小亞認的字多了起來，就開始到各個網站瀏覽，還用緩慢的打字速度和各式各樣的陌生人聊天。

從此，小亞就再也沒有心思讀書了，而是忙著在網路上交朋友。時間一長，小亞的成績自然下降了，上課的時候也經常無精打采，注意力無法集中。老師發現了這種情況，反映給了小亞的爸媽。小亞的爸媽開始嚴禁小亞上網。但是小亞一旦離開了網路就變得什麼都做不下去。即便是坐在書桌前讀書，精神也是很恍惚的，眼前的書本一個字也看不進去。

近些年，越來越多的爸爸媽媽來向我控訴「網路害了我的孩子」，青少年的網癮問題一直是我們諮詢師的焦點和重點。在進入正題之前，我們不妨先瞭解一下國內和國外的青少年網路環境。

在國外有網癮的人群主要集中在十～三十歲，而國內有網癮的人群卻集中在十五～二十歲。國外網路成癮的內容並不集中，各個方面都有涉及，而國內有百

分之八十～九十的網癮人群集中在網路遊戲。國外因為網路成癮很少見到極端的社會事件，而國內因為網癮出現的極端例子卻並不少見。

這種國內外網癮現象的對比，提醒我們，想要改變孩子的網癮，不得不先思考的一個問題是：為什麼網癮會找上你的孩子？

心理學上認為，夥伴的缺失——也可以稱之為社會發展品格的缺失，才是網癮問題的源頭。據調查顯示，現代孩子的抑鬱感和孤獨感，與網路的重度使用有很大的關係。經常玩暴力網路遊戲的孩子可能比較有攻擊性，對苦難的感知程度也會比較低。經常使用網路與陌生人聊天的孩子很難將現實世界與虛擬的世界區別開來。而這一切的混亂性和複雜性，對於涉世未深的孩子的影響都是可以預見的。也正是因為如此，「小網蟲」才格外需要父母的關注。

人是社會性動物，同樣需要有社會化的生活來排解孤獨。對孩子來說，擺脫孤獨的方式無非就兩種：一種是跟夥伴玩耍。然而在現今的生活條件之下，這樣的機會日益減少。還有一種就是在網路上尋求社會和同伴的存在。網路對於孩子最吸引的地方，在於他們所需要的社會化人格，可以從其中獲取，這也是孩子做為一個成長中的人的精神價值目標。這種精神營養原本應該由學校教育來提供，卻因為現今以升學為主導的應試教育體系而喪失。於是，孩子內心中某部分被壓抑住的人性，就不得不尋找另外的出口。這個管道就是網路。可以這麼說，是我們社會給孩子提供的社會化機會過少，才讓網路趁虛而入，成為孩子精神成長的代替品。

然而，在網路上尋求社會人格的發展只會是暫時的，也是不真實的。從長遠來看，長期沉迷於網路的孩子所付出的代價，就是在最燦爛的黃金時間，心靈出現一個空白期。像這樣被網路餵養長大的孩子，在長大之後，在不得不去面對現實社會的時候，需要從頭開始摸索，完成社會化。從這個角度上來說，孩子的網癮與成年人還有所區別。成年人沉浸在網路中的時候，會不斷地有工作壓力、家庭責任等等將我們拉回現實，網路很難真正成為我們生命中不可分割的骨血。但是對孩子來說，它卻是擺脫孤獨的藥品，是服久了會上癮的藥品。

很多來訪的父母，很喜歡用消極的方式來告訴孩子——我禁止你上網，卻很少用積極的方式——有其他的事比網路更能填補你心靈的空白。針對網癮，或許

你也是採取堵死、管死的方法，卻沒有解決根本的問題——在禁止孩子接觸網絡之後，他又該從何處獲得心靈補品？只要孩子的存在感沒有得到肯定，孤獨沒有找到出口，網路對於孩子的誘惑力就是永遠存在的。真正想要一勞永逸，其實背後的理念很簡單：就是讓孩子不會感覺到孤獨。

讓孩子不孤獨的方式只有一個，就是及時與孩子溝通。據調查，國內有六成的父母「無法理解孩子」。調查的父母當中，只有三成左右表示「我和孩子溝通得很好」，孩子遇到難題的時候求助於父母的比例也比較高。因此，要解決孩子的網癮問題，父母最需要做的就是及時瞭解孩子的真實想法，及時與孩子溝通，讓孩子不感到孤獨。

我們還要注意平時和孩子溝通的方式，盡量採取平等的態度，尊重孩子的意願和想法，如果總是用高人一等的強勢態度，很容易讓孩子寧可沉溺於網路中的虛擬交流，也不願與我們分享成長中的快樂和煩惱。

10 有的孩子為什麼「說不得」

如果有條件的話，讓孩子經常接觸一些比他更優秀的人，讓他知道人外有人、天外有天。這樣一來，不用你跟他說，他就會承認自己身上存在著不足的地方，對自己「其實沒有那麼優秀」的事實心服口服。若你僅僅只是教他在口頭上保持謙虛，甚至是說一些貶低自己的話，這樣對孩子健康性格的形成是十分不利的。

娜娜是個聰明又能幹的孩子，在我的親子關係班裡她擔任著班長的職務，很多老師和同學都很喜歡她，她也是爸爸媽媽的驕傲。但是最近娜娜的媽媽卻跟我說，她發現了娜娜的一個問題：孩子可能是聽多了別人對她的表揚，開始自以為是，聽不得別人講她一點不好。

某天晚上，媽媽照例檢查娜娜的作業，發現娜娜的功課有些退步，有些很簡

單的問題都做錯了。媽媽拿著作業本對娜娜說：「寶貝，妳看這些問題都很簡單，不應該錯的怎麼也做錯了呢？是不是妳做作業的時候不專心了？」

娜娜立刻板起了小臉：「媽媽，我們班上有哪個同學是不犯錯的呢？我犯的錯算少的了，妳還不滿意啊！」媽媽有點傷心，孩子大了，也有自尊心了，可能講話得斟酌字句了。

第二天晚上，媽媽檢查娜娜作業的時候，又發現了幾處是真的不該出現的錯誤。媽媽實在忍不住了，對娜娜說：「寶貝，妳看，這個問題我昨天給妳指出來了，怎麼又錯了呢？妳是不是有點馬虎啊？」

娜娜一臉不耐煩地對媽媽說：「妳還有完沒完，別整天就盯著我的缺點和問題好不好！」媽媽剛剛張嘴準備嚴厲批評孩子兩句，但想想還是算了，可能孩子這兩天心情不好。

誰知，娜娜日後反覆出現這個情況，就是聽不得別人說她一點不好。只要是批評的話一句都不想聽，要嘛就是表現出一副很不耐煩的樣子。她的媽媽無奈之下，只能求助於我，讓我和娜娜好好談談。

孩子聽不得別人對他的批評，原因通常有兩種：一種是經常被批評，聽多了就造成叛逆的心理，用拒絕批評的方式來保護自己。還有一種就是經常被表揚，造成了習慣性自我肯定，再也無法聽進去批評。這兩種類型的孩子都在某種程度上失去了自我。娜娜就屬於後者。

在我跟娜娜談心的過程中，娜娜對我說：「我從小就很聰明，別的小孩還不會說話，我就已經能認得字了。很早我就開始背詩唱歌，在學校老師也常讓同學們跟我學習。每次班上的活動也都是由我去領獎的。我媽媽也真是的，總是挑我的毛病，就是看我不順眼，煩死了。誰不會犯錯啊！我這點小錯值得她大驚小怪嗎？」

或許我們會覺得娜娜這樣的孩子是過度自負、太有自尊心的緣故，其實這是一種認知上的盲點。事實上，不允許別人批評自己的孩子，日益膨脹的並非自尊心，而是虛榮心。而且他們的自信心也不是提高了，相反是降低了。想想我們自己，害怕別人的批評，不就是缺乏自信的表現嗎？時間一長，這種聽不得別人批評的孩子，問題就會越來越嚴重。

從某種意義上來說，平常有些小缺點的孩子比出眾的孩子更容易教育，因為他們對自己沒有超現實的期望值。而那些一直很優秀，所謂的優等生，因為只想要聽別人的表揚，往往會出現脫離實際想法的自我期待。他們不太容易承認真實的、有缺點的自己，也不太能承擔生活中的挫折。長期生活在雲端的人，一旦跌落到地面，要爬起來也是比較困難的。這樣的孩子一旦遭遇到失敗，變得怨天尤人的機率就會增加很多。那麼，如果你家裡也有聽不得一點批評的孩子，又該如何做呢？

首先，千萬不要以極端的方式，去過分批評或者讚揚孩子。父母要保持一顆理智冷靜的心，實事求是地看待自己孩子的優點和缺點。你要清醒地認識到，孩子在長期的表揚之下，會產生驕傲自滿的情緒是難免的，但隱藏在驕傲之下的真實心理是自卑，所以你沒有必要再去潑孩子的冷水。克服孩子的這種心理不是一朝一夕的事情，因為孩子的這種表面上自我感覺良好，也不是一兩天形成的，而是在父母和其他人的長期影響中造成的。一旦孩子身上出現了問題，就單方面地指責孩子的不是，覺得這是孩子性格上的缺點，這對孩子來說非常不公平。

其次，對待這樣的孩子不要經常表揚，也不要輕易批評，要以從容不迫的態度去教育他，潛移默化地影響他。家長可以跟學校的老師溝通一下，只有在真正值得表揚孩子的時候再提出表揚，對於一些無關緊要的小事，不要總把稱讚的話掛在嘴邊。當孩子在你面前表現得很狂妄的時候，也不要當眾數落孩子，讓孩子下不了臺。當孩子因為失敗而沮喪的時候，父母要適時地鼓勵孩子。但前提是讓孩子承認自己失敗的現實，不要以安慰的形式來掩飾孩子失敗的事實。

11 折斷了孩子的翅膀，卻又讓他飛翔

心理研究人員認為：成功與個人夢想的大小有密切的關係，也與我們是否堅信可以實現夢想的信念強弱相關。因此，想讓你的孩子脫穎而出，就需要有目標、有夢想。在實現夢想的過程中，可能會有挫折，會有困難，這都是孩子必須經歷的過程。這時，你一定要鼓勵孩子堅持到底，不要輕言放棄。要讓孩子明白：成功與失敗，只有一步之遙。

先來給大家說一個調查：

有一群從哈佛大學畢業的天之驕子，他們意氣風發，在學歷、家境和智力方面都卓越無比。在要跨出校門之前，哈佛對這些人進行了一次關於人生目標的調查。調查結果顯示：在他們之中，有近三成的人沒有目標，六成比例的人目標很

模糊，只有一成的人，有比較清楚的短期目標，而具備清晰而長期目標的人，僅僅佔總數的百分之三。

二十五年之後，哈佛大學對這群畢業生進行了追蹤調查。結果顯示，一個人的目標在人生中的重要位置：就是這百分之三的人，在二十五年之中朝著自己的目標，認定一個方向不斷前進，在各行各業中成為頂尖人士；而佔了一成的，有短期目標的人，他們也在不斷地實現自己一個又一個的短期目標，成為各個領域中的專業人士，多數人的生活水準都可以歸屬於社會中上層。人數最多的，在畢業的時候目標模糊的六成人，他們平穩地工作和生活，沒有溫飽問題，但也沒有做出什麼特別的成績，幾乎處於社會的中下層。而剩下的三成沒有目標的人，儘管是高等學府出身，但過得並不如意，並且還在時常抱怨社會，抱怨這個「不能給自己機會」的「不公平」的世界。

不用我詳細解釋，大家應該都能看出來一些門道：一個人的成功，是需要有明確目標的。哈佛的畢業生，具備過人的才能，才能順利畢業。即便是這樣的人，

在缺乏目標的情況下，都會和成功的機會失之交臂，更何況是普通人。

以一個簡單的數學例子來說明：兩個點之間，直線最短。如果你的孩子跟別人的孩子以相同的速度前進，別人的孩子看到明確的目標，就能朝著那個目標直線往前；而你的孩子沒有目標，就猶如在黑暗中摸索一樣，繞行前行，這速度可不就得慢下來了嗎？

有些家長可能迫不及待地舉手示意：喂，目標從哪裡來？這不是給孩子安排人生嗎？非也非也。目標，來自孩子的想像。想像力是一個人獲得成功的動力，它偷偷藏在每個人的身體內，對孩子來說是不可限量的「潛力源」。我見過很多望子成龍、望女成鳳的父母，這也是想像，但這是父母對孩子未來的想像。當然，這種想像不能說有錯，如果可以摒棄父母強加於孩子的「成分」，這種想像的積極作用，就會給孩子提供一個成長的目標。

我要說的是，想像是對未來的「首要發現」，它能讓孩子看見美妙的事物，對呈現在遠處的美景憧憬有加，激勵孩子不斷前進。

但是，有很多爸爸媽媽，認為孩子年紀還小，不可能為自己做好人生規劃，孩子的生活應該由父母來導航掌舵，所以硬生生地扼殺了孩子的目標。這相當於什麼呢？相當於你親手剪短了孩子的翅膀，卻又要求他去飛翔。

我們大多數人都不是天才，阻礙我們成功的因素有很多，在孩子身上也是這樣，因此幫助孩子確定一個適合的目標是十分關鍵的。但是，我說的幫助孩子確立目標，不是讓你去「包辦」孩子的人生，而是讓孩子在充分認識自己的基礎上，發現自己的特殊才能或者某種愛好，哪怕它在你眼中看起來「很不起眼」。你應該瞭解，不一定要讓孩子樹立科學家、總統之類的遠大目標才有意義。才能沒有高低貴賤之分，不論孩子的興趣和才能在哪裡，這都不是問題，問題是要適合孩子，讓孩子喜歡。你要讓孩子當自己人生的「司機」，讓他自己決定下一站要停靠在哪個地方。

那麼，在孩子「開車」的過程中，你可以給孩子提供什麼幫助呢？

都說興趣是最好的老師，做為父母，你要引導孩子將興趣和學習結合起來。孩子對於自己感興趣的東西，常常會在上面花上很多時間而不自知。你要做的，就是觀察孩子的行為，關注孩子喜歡的事物，引導孩子將自己感興趣的東西做為

目標。比如，你家的孩子，生來就喜歡唱歌、跳舞，你可以鼓勵孩子朝演藝人員的方向努力。再巧妙地讓孩子在追求目標的過程中學習，促成他的改變。再比如，有些男孩喜歡玩電腦，這時候你就可以讓他在「探索」電腦的過程中學習英語，並且告知孩子，只有學好英文，才可以把電腦玩得「酷酷無比」。

「三百六十行，行行出狀元」。這狀元，是說在每個行業都能找到自己的位置，而不是真的要達到狀元的頂端。所以別讓孩子將自己的目標訂得太高。把目標訂得太高，反而不好實現，這不是跟沒目標一樣。孩子「看得著吃不著」，可不就得鬱悶受打擊嗎？

對孩子來說，他們對很多東西有興趣，但往往缺乏耐性。一個需要十年、八年才能完成的目標，很容易讓他們覺得「唉，好遠喲！」他們只有在生活經歷的累積之下，才會真正找到自己的位置。因此，別讓孩子的目標訂得太遠。或許在實現近期目標的過程中，孩子自己會發現值得他追求一生的目標也說不定。

我們都知道，目標的實現要以計畫為前提。父母能夠為孩子做的，就是引導孩子根據自己的情況，嘗試著做一份實現目標的計畫，每天花一定的時間，來為實現目標做準備。在孩子制訂完目標之後，鼓勵他大膽地說出自己的目標。這種做法可以幫助孩子確立決心，避免半途而廢。

12 懼學未必是恐懼學習本身

「懼學症」是一種需要家長重視的兒童心理障礙。如果不及時糾正，會影響到孩子的學習和身心。某些無法被理解，內心痛苦的孩子，甚至會採取某些激烈的行為來逃避現實。對於此類有「懼學症」的孩子，不要給予他們過多的心理壓力，要讓孩子瞭解學生的任務就是學習知識，有不足的地方是正常的，同時請心理醫生進行輔助諮詢和治療。

我的工作室裡曾經來過一對父子訪客，兒子浩然學業成績優秀。出於對他的看重，老師對浩然的要求也比較高，浩然也就因此更加努力，不容許自己出一丁點的差錯。要上學之前，他總是一遍又一遍地檢查自己的書包和作業……慢慢地，浩然父母發現兒子得了一種「怪病」，每天早上出門前總上廁所，磨磨蹭蹭的就是不想出門。但去醫院檢查卻沒發現浩然有任何腸胃方面的疾病。有時候臨到考試，浩然就會產生「末日來臨」的感覺，一到考場，又是坐立不安想上廁所。奇怪的是，只要一離開學校，浩然的這些問題就消失不見了，前後判若兩人。

「醫生也看了，查也查了，可是一點用都沒有，才想到要給他做心理諮詢。」孩子爸爸這麼說：「浩然就是不想去學校，找各種理由，我和他媽媽怎麼勸說都沒用……」

像浩然這樣的孩子，其實是患上了一種名為「上學恐懼症」的心理疾病。在開學前後，我接到的求助電話中，最多的就是「開學恐懼症」的學生。這種現象多集中在性格內向的學生，並且女生的比例明顯多於男生。孩子到底為什麼如此恐懼學校？

孩子不願意上學的原因首先是心理壓力大，表現為在學習方面的壓力，或者在人際交往上的壓力。有些孩子為了可以不用去學校，假裝不舒服，不是頭痛就是肚子痛；有一些孩子有比較嚴重的自卑心理，不願意跟同學交往；有一些學業

成績比較差的孩子，擔心去學校之後總是要面對老師和同學「鄙視」的眼光；還有一些孩子則是有著較強的叛逆心理，因為缺乏和老師之間的溝通而討厭或恐懼上學。

根據著名心理學家艾瑞克森對個體心理發展的劃分，六～十二歲這個年齡層，是一個獲得勤奮感而避免自卑感的時期。國小生正屬於這個時期，他們的社會任務就是讀書。而國小生的挫折大多來自於讀書，他們害怕學業成績不好。如果孩子在讀書中不斷取得成績，在其他活動中也經常受到承認和獎勵，就會變得越來越勤奮。

孩子不願意去上學，父母也要從自己身上找找原因。有些時候你的某些想法和做法，會在無形中給孩子帶來影響，比如，有些父母給孩子很大的讀書壓力，孩子沒有自由支配自己的時間，除了在學校上課，就是在家裡讀書，因此去學校對他們來說並不是一件高興的事，越來越恐懼去學校，逐漸產生厭學或者懼學情緒。

也有的是父母太過溺愛孩子，讓孩子對父母產生嚴重的依賴情緒，一分鐘都不想離開父母的身邊。要去學校，面對的是不會事事遷就自己的老師和同學，孩子當然不願意去了。此類的原因有很多，值得一提的是，你一定要謹慎對待自己在孩子面前的一言一行，避免因為你的原因而讓孩子產生恐懼上學的心理。

「上學恐懼症」是一種很常見的心理現象。孩子畢竟年紀小，容易出現一些情緒上的障礙，但是因為自身沒有足夠的能力來調整心理問題，因此家長必須要對孩子有足夠的關心和幫助。對父母來說，應該及時與孩子進行溝通，一步一步地引導孩子正確地對待學校生活。

給孩子制訂一張與學校生活同步的「時間表」，讓孩子調整好自己的時差，杜絕因為睡懶覺而導致的厭學症。

不管孩子是要上幼稚園、國小，還是國中，在上學之前，你都要給孩子做好上學的心理準備。比如，可以帶孩子參觀一下即將入學的學校，帶孩子買上課用品，讓孩子知道大概的上課內容等等。特別是年幼的孩子，在入學之前一定要讓他做好充分的準備。

可以將孩子即將上學的事當成家裡的重大事件來看，與孩子一起憧憬上學的

快樂，帶孩子去看看學校裡其他小朋友開心上課和活動的模樣。還可以讓孩子與已經上學的孩子交朋友，讓對方告訴孩子學校裡有什麼好玩的事情等等。這樣，孩子就會對學校產生好的印象，以致於在入學之後，不至於感覺到恐懼。

對於嚴重恐懼上學的孩子，可以帶其去求助心理醫生，諮詢相關事宜，盡早給孩子心理輔導，讓孩子的緊張情緒和恐懼心理得到及時的舒緩，維持孩子身心的健康發展。

孩子懼學、厭學，不管是由什麼引起的，父母都不要輕易埋怨和責備孩子，更不要採取打罵和懲罰的手段。只有做好孩子的心理工作，合理地引導孩子，才能真正地幫助孩子脫離「懼學症」。

第二章

父母好好學習，孩子天天向上

家庭生活與學校生活有很大的不同，入學是孩子成長過程中一個重要的轉捩點。上學前，孩子的接觸面比較狹窄，在家庭生活中享受著父母的關愛；上學後，生活環境發生了很大的改變，孩子不得不一個人處理各種問題，人際關係也發生了很大的改變。

面對生活環境的變化，孩子的成長心理也不可避免地會產生變化。從兒童心理的角度看，孩子的心理會隨著環境的變化而發生改變。所以家長和老師要著重注意這個時期的孩子的心理發展。

學齡期的孩子，其心理還處於一個過渡期：一方面學齡前的心理特點還有保留，另一方面，環境的變化讓他們的思維方式以及性格各方面都發生了改變。在這個過渡期，如果家長和老師不注意合理地引導，很容易造成孩子的心理出現問題。

因此，家長和老師要從兒童心理發展的特點出發，充分瞭解孩子心理發展的變化，根據孩子的不同特點予以適當的引導，以促進孩子身心的健康成長。

1

「我不是完美小孩，你們也不是完美的父母」

專家介紹，一個心理健康的孩子至少應該具備以下五個方面的特點：一、有正常的智力，有求知慾；二、能逐漸學會調控自己的情緒，保持樂觀向上的心境；三、能學會與周圍人正常的交往，懂得分享與合作、尊重別人、樂於助人；四、能自我接納，有自制力，能積極面對生活中遇到的問題、困難，適應環境；五、具有良好的行為習慣和健全的人格。

允允的週末比平常還忙：上鋼琴班、英語班、跆拳道班……允允的爸爸每件事都要求他做到最好。學業上要求允允成績優異，得第一名，生活上要求允允循規蹈矩，如棉被要疊得整齊、坐姿要端正、寫字要工整……允允的爸爸希望自己的兒子是個三百六十度的完美小孩，不允許他有一點瑕疵。但事與願違，他越是要求允允完美，允允出現的問題就越多，不是做數學題時常常馬虎，就是上課出神，甚至還瞞著爸爸偷偷蹺課……

「我知道我不是一個完美的小孩，但你們從來也不是完美的父母，所以我們必須互相容忍，辛苦且堅強地活下去。」這句話出自幾米的漫畫《我的錯都是大人的錯》。

很多做父母的人都抱怨自己的小孩有這樣那樣的問題，卻沒有想過孩子的這些問題是哪裡來的，壞習慣是怎麼養成的。

孩子是一面鏡子，孩子的問題或者壞習慣，都是父母教育方式的真實展現。

生活中像允允的爸爸一樣的父母有很多，他們努力給孩子最好的教育條件，希望把孩子打磨成一塊完美無瑕的美玉，殊不知，孩子成長的過程就是一個學習的過程，有些瑕疵和錯誤是很正常的，這也正是孩子的可愛之處。在父母完美主義要求下成長的孩子，往往做事認真，成績優異，是父母的驕傲，但是進入青春期後，長期形成的完美習慣就會變本加厲，導致強迫症。

在我接觸過的孩子中，就有很多這樣的例子，有的孩子做作業稍有塗改，就全部撕掉重寫；有的孩子做題速度越來越慢，一遍又一遍地反覆檢查，甚至考試時做不完題目……

可見，過於追求完美的父母，會給孩子帶來巨大的心理壓力。

有句成語叫「瑕不掩瑜」，意思說只要是美玉，有些瑕疵也不妨礙它的美麗。要求孩子各方面都做到完美，對父母和孩子雙方來說都是一件很痛苦的事。

邱吉爾有一句名言：「完美主義等於癱瘓，苛求完美只能造成殘缺。」為了孩子身心健康快樂的成長，父母們不必苛求完美。我們應該教會孩子懂得：人生宛若一支球隊，最優秀的球隊也會丟分，最差勁的球隊也有過輝煌的時刻，我們追求的目的，就是盡可能讓自己得到的多於失去的。

教育家蘇霍姆斯基在《家長教育學》中提出：所有的人在拿結婚證書前必須學習家長教育學，否則不發結婚證書。沒有接受過系統教育科學訓練的父母，正如一個沒領到駕駛執照的司機一樣，如果匆匆上路，必定會產生不良的後果。因此，一個健全、完善的社會應該透過各式各樣的方法讓家長去獲得必要的教育科

學知識。

現在很多學校設立了「家長學校」，但對家長來講，從孩子入學後接受這種教育實際上已經晚了。因為父母在孩子一出生就已經在從事家庭教育。如果爸爸媽媽們從孩子出生時就已懂得教育理論，就有教育的理性和自覺，就會在對孩子的教育應對自如，獲得良好的效果。

如果父母僅靠自己摸索、嘗試，等到掌握家庭教育的特點與規律，意識到要科學教育孩子的時候，孩子已經長大了。印度聖雄甘地是一個偉大的人物，但是卻不是一個好父親。他在很年輕的時候就有了一個孩子，在兒子童年，他忙於自己的事業，等意識到要好好教育兒子的時候，兒子已經長大並且徹底學壞，為此他終生悔恨。

所以說，父母主動及早地掌握全面系統的家庭教育理論，培養自己的素養是十分重要的，一味地抱怨孩子不夠完美、問題多多，做父母這門職業註定要以失敗告終。

2 家長失信，多是因為孩子的學習而起

中國有句古語：「君子一言，駟馬難追」。在家庭中，父母對子女一定要做到一言九鼎，言而有信。中國古代廣為流傳的「曾子殺豬」的故事告訴父母們，一諾千金不僅僅是簡單地兌現某個行為，更重要的是培養孩子遵守諾言的信用意識。這是一個非常重要的品格，可以說是無價之寶。

四年級學生阿楓的爸爸來找我，與我探討孩子寫作業拖延的毛病。每天放學回家，阿楓一放下書包就開始寫作業，看起來寫得非常認真，但是讓他爸爸感到不解的是，明明作業不多也不難，卻幾個小時都寫不完，常常忙到深夜。阿楓爸爸的敘述讓我也感到很迷惑，我建議他把孩子帶來與我交流一下，看看問題到底出在哪裡。

透過與阿楓聊天，我發現問題還是出在大人身上，最初孩子寫作業並不慢，父母也同意他寫完作業可以看一會兒電視或者打電玩，但是當阿楓高興地說：「耶！寫完作業可以玩啦！」

爸爸卻說：「這麼快就寫完了，太好了，我再給你出幾道題。」

這樣鞭打快牛，孩子就明白了：早寫完了沒用，寫得越慢就越好。於是，阿楓就養成了寫作業拖延的壞習慣。

盧梭說過一句話：為人師長、父母者，只要有一次向孩子說謊穿幫，就有可能使全部教育成果毀於一旦。

確實，當家長失信於孩子的時候，其後果是難以估量的。

美國著名心理學家基諾特總結了孩子教育的十大禁忌，「家長失信」即赫然在列。

教育孩子的時候，父母為了給孩子設置一個奮鬥的目標，會向孩子承諾，如果達到目標之後，將給予某種獎勵。然而，對父母來說，這種承諾往往是漫不經心的口頭承諾，而孩子們卻往往以最認真的態度來對待。當他們達到了目標之後，家長卻言而無信，最直接的後果就是孩子的積極性因此而受到挫傷。

曾經有青少年研究中心做過一個針對中小學生學習和生活現狀與期望的調查。調查結果顯示，百分之四三・八的小學生和百分之四三・六的中學生，最渴望得到父母的信任，最不滿父母說話不算數。這說明中小學生對父母缺乏誠信的行為非常反感。

家庭教育最重要的特點之一，就是言傳身教。父母的一言一行、一舉一動，為人行事的方式、方法，無不被孩子看在眼裡，記在心裡，這種榜樣的力量對孩子的影響是極其巨大的。我們很難想像，當父母屢屢言而無信的時候，孩子的心理將會朝著怎樣的方向發展。

在中華民族的傳統教育思想中，也同樣蘊含著誠信家教的思想。

孔子門下有一名弟子叫曾子。根據歷史典籍的記載，一次，曾子的妻子出門，她的兒子鬧著要跟隨，曾子的妻子就哄他說：「你在家等著，回來後殺豬給你吃。」

母親本是隨口一說，孩子卻信以為真。當曾子的妻子回到家中時，發現曾子磨刀霍霍，正準備殺豬，就連忙勸阻說：「我說殺豬是哄孩子的。」曾子說，小孩子判斷與思考能力，一切都要向父母親學習，聽從父母給予的正確教導，假如現在欺騙他，就是教孩子騙人，父母欺騙孩子，孩子就不會再相信父母。

這個小故事，正是著名的「殺豬教子」典故。其之所以能夠流傳至今，就在於在我們的傳統教育思想中，存在著對誠信教育的深刻認識。

如此看來，家長做好「示範」作用其實是挺難的。有些家長會覺得孩子還小，好哄弄，就經常向孩子開「空頭支票」，認為孩子很快就會忘記，殊不知，這無形中已在孩子心目中形成了「爸媽說話不算數」的印象。一旦形成，他就有可能效仿父母，隨意承諾，失信於人。

所以說，當孩子提出的要求令自己感到為難時，不可輕易答應，家長要有自己的原則和底線，即要把握一個度，隨口答應的緩兵之計萬萬使不得。

話又說回來，孩子總是會對父母有所要求，父母也免不了對孩子有所許諾。適當許諾是必要的，但是很多家長望子成龍心切，只要孩子學業成績好，就無限制地滿足其要求，這樣的教育方法雖然在短期內有作用，但對孩子的長遠發展會有很大弊端。因此，家長在選擇激勵方式的時候，不妨多給孩子一些精神鼓勵。

3 忽視孩子優點的父母該「培訓」了

理想的父母，應該把孩子的人格健全、心理健康放在首位。世界衛生組織給健康所下的定義是：「不僅是沒有疾病和病痛，而且是個體在身體上、精神上、社會上的完滿狀態。」由此可見，身體健康和心理健康同等重要，心理健康是健康的一半。現在人們生活相對富足，讓孩子身體健康已不是一件太難的事，倒是兒童的心理健康更應該引起父母的重視。

五年級的阿宏放學後，氣呼呼地來到外婆家，說：「今天我不回家了！」

外婆問：「為什麼？」

他說：「爸爸不喜歡我，媽媽也不喜歡我，我不回去了！」

外婆對阿宏的媽媽說，「孩子需要表揚。」

阿宏媽媽不以為然：「這孩子有什麼可表揚的？優點很少，缺點一堆！」話雖這麼說，回到家裡，換一種眼光看孩子，媽媽覺得阿宏也並非一無是處。雖然他成績不太好，但是獨立能力很強，每天都把自己的書本、文具、衣物收拾得整整齊齊，把自己的事情安排得妥妥當當。

能夠發現孩子的優點並且及時指出來，是好父母的基本功。能發現孩子六～十個優點的父母，是優秀的父母；能發現孩子的一～五個優點，可以說是合格的父母；如果父母連孩子的一個優點都沒發現，就該「培訓」了。

孩子年紀還小，不能對自己有相對客觀的評價，需要透過成年人的肯定來認識自己。他們需要父母的欣賞和表揚，就像花兒需要陽光一樣。

可是，在教育孩子的過程中，很多家長都十分吝嗇自己的表揚和鼓勵，他們不明白自己的表揚和鼓勵會對孩子有多大的激勵作用。其實，每一個孩子都是非常在意大人的表揚的。

任何一個人（哪怕是成年人），渴望被肯定的心理需要，大大超過被別人否

定的心理需要，這就是為什麼父母對孩子要堅持表揚為主、激勵為主的原因。

對孩子來說，父母的一個肯定的微笑、一個讚許的眼神都會激起他們非常強烈的情感，給予他們很大的希望。當孩子遇到挫折，對自己失望時，父母的鼓勵尤其重要，一句「你可以的」會讓孩子重新振作起來。只有充滿自信的孩子，才能在生活中不畏懼挫折和壓力。

教育專家不斷地提醒我們，孩子是在周圍環境的肯定或者否定評價中，認識自己、尋找方向的，父母和老師對他們的評價非常重要。肯定性評價會使孩子獲得愉快的心理體驗，產生更加努力的激勵作用；而否定性評價會使孩子心中不悅，一方面可能反思問題，努力改正，另一方面也可能減弱自信，產生自卑。這就看教育者如何使用肯定和否定評價了。

教育專家做過一個調查，發現了一個奇怪的現象：從國小一年級一直到國中，隨著年級升高，孩子聽到的表揚逐漸減少，有的孩子到國中幾乎與表揚「絕緣」了。而批評的情況恰恰相反，隨著年級的升高，年齡的增長，由少到多，批評得越來越厲害，有的孩子甚至經常受到「狂轟濫炸」式的批評。

分析箇中原因，大概有三點：其一，孩子學習難度增大了，一些孩子的成績不如低年級時好，而家長的眼睛是時刻盯著分數的，自然會批評孩子成績不佳；第二，離國小畢業越來越近，家長腦子裡已經開始「倒數計時」，設想著孩子進入國中會是什麼情況。家長自身的壓力增加了，對孩子就更加「恨鐵不成鋼」，批評得越是嚴厲；第三，孩子自我意識發展快，眼界打開，知識增加，許多事情開始有自己的想法，想自己做主。於是就不像小時候那麼聽話了，家長想保持權威，當然對孩子更嚴格，「批」字當頭。

說了這麼多，在生活中，爸爸媽媽到底應該怎樣表揚孩子才算正確呢？

首先，要用全面的眼光看待孩子，就像阿宏的媽媽一樣，不能只是盯著學業成績一個方面。孩子的性格、生活習慣、勞動表現、交際能力等等，都是評價孩子的因素。家長的視野寬了，就不難找到值得表揚的地方。

第二，用發展的眼光看待孩子。只要大人有心，就會發現孩子有進步。可能分析問題的能力增強，可能某些知識有了增加，可能一次考試進步了，可能在文藝、體育方面獲得了好成績……關鍵是要拿孩子的現在比過去，今天比昨天，哪

怕發現一點小進步，也應及時肯定。不應該因為進步太小，看著不起眼，或者父母的標準太高，就把孩子點滴的進步忽略過去。

當然，關於表揚，父母也應該注意尺度，要中肯、適度，不能誇大其詞，要有分析地表揚，不能太籠統，讓孩子清楚表揚的是哪一點，為什麼要表揚他，以免孩子滋生驕傲情緒。

4 「羅森塔爾效應」帶給父母的反思

很多家庭出現的教育問題都與父母的觀念有關。比如說，有的父母認為孩子只要學業成績好就可以了，恨不得把孩子的每一分鐘都安排滿滿的，訂好日程表。可是，衡量現代兒童快樂的標準之一，是看這個孩子可以自由支配的時間有多少。凡是孩子自由支配的時間少，孩子就極可能有問題，這個家庭教育也就容易出問題。

我發現我的小學員詹詹，每次來上課都無精打采的，對老師提出的問題也不能很快做出反應，總是一種強打精神、閉眼就能睡著的狀態。

後來，我去找詹詹的家長談話瞭解情況，原來詹詹的父親認為，不能讓孩子輸在起跑線上，於是給孩子報了六種課程的補習班，爭分奪秒地學習。詹詹父親

還利用出差的機會去考察了美國的史丹佛大學，教育詹詹從小就立志考到史丹佛大學去。在父親這種望子成龍的心態下，詹詹就像個小陀螺一樣，每天不停地旋轉在學校和補習班之間，學業成績稍不理想，就會被爸爸訓斥一頓。

在教育學和心理學上有一個著名的實驗，這個實驗是由美國心理學家羅森塔爾教授設計完成的。由這個實驗產生的結果，就是教育心理學上著名的「羅森塔爾效應」，或者叫做「期待效應」。

「羅森塔爾效應」留給我們這樣一個啟示：讚美、信任和期待具有一種能量，它能改變人的行為，所以要鼓勵孩子，培養他們的自信，父母的期望將很大程度上決定孩子的未來。

不過，心理學家特別要指出的是，「羅森塔爾效應」可以是正向的，但也可以是負向的。

幾乎所有的父母都會對自己的孩子寄予不同程度的期望，這種教育期望直接影響著父母對孩子的教育行為，但是，並不是有期望就一定會有收穫。父母的期望要建立在孩子的承受能力上，父母對孩子的期望越高，孩子所承受的壓力就越大，如果這種壓力超出了孩子的承受範圍，那就會給孩子造成身體或心理上的傷害，只會讓父母和孩子都痛苦。

有的父母時時刻刻不忘提醒孩子以什麼為目標而奮鬥，讓孩子從小就在一種競爭焦慮下成長，認為如果不超越別人，就是自己的無能。長期下來，孩子很有可能會患得「習得性無助」。

「習得性無助」是心理學家在面對有學習困難的孩子時，常會用到的專業診斷辭彙。它指的是個體在經歷了某種學習之後，因為不愉快的情境經歷，而在情感和認知行為上表現出的消極的特殊心理狀態。

有一個實驗可以說明這種特殊的心理反應。

美國賓洲大學心理學教授塞利格曼曾經做過一個實驗，把狗鎖在一個籠子裡，並且在籠子上安裝一個擴音器。只要擴音器一響，籠子的鐵絲網就會通電，電流的強度會讓狗感到疼痛，但不會對牠的身體造成危害。

一開始，受到電擊的狗會在籠子裡亂竄，試圖找到出口逃走。可是在遭遇了

很多次的失敗之後，狗絕望了，放棄了反抗和掙扎。後來，雖然擴音器響起，鐵絲籠開始通電，但狗只是默默地趴在那裡忍受痛苦，再也不試圖逃跑了。

於是，塞利格曼教授把狗換到了一個更大的籠子裡，籠子的中間有一塊隔板，把籠子分成兩邊，一邊通電，一邊沒有電，但隔板並不高，狗可以輕鬆跳過去。塞利格曼教授把另一隻從來沒有經過實驗的狗，和先前的那隻實驗狗一起關進了通電的一邊，當擴音器響起，籠子的鐵絲網開始通電時，另一隻狗在受到驚嚇之後，立刻奮起一躍，跳到了沒電的那一邊。可是那隻可憐的實驗狗，即使親眼看到同伴輕易地跳到籠子的另一邊，自己卻仍然老老實實地趴在籠子裡，再也不肯嘗試了。

動物保護主義者肯定會對這個殘酷的實驗提出嚴重抗議。但是，如果我們把這個實驗結果對照到自己的孩子身上，就會發現，心理學家用狗做實驗，一些父母，卻在用自己的孩子做實驗。

學業成績不佳、在學校裡表現不好的孩子，就像那隻被關在籠子裡的小狗一樣，曾經奮力跳躍，試圖改變，可是當發現自己無能為力，電擊的力量遠遠超過自己的力量時，也許就會出現這種「習得性無助」的現象，消極地對待困難，放棄努力。他們寧可自暴自棄，默默忍受失敗的痛苦，也不願意再次奮力一搏。

所以，做為父母，我們是不是應該重新審視給孩子訂出的標準，並且試著幫助他分解目標，在到達目的地的路途中，多切割出幾個經過一定的努力就可以邁上的階梯？

教育期望無非是指父母對孩子的期望、父母對親子關係的期望，以及對孩子自我期望的引導三個方面。對孩子來說，健康的自我期望不是強過任何人，而是做最好的自己。如果孩子總是與他人比較，而且必須要爭第一，那麼就會在很大程度上干擾了自己的進程，甚至會影響自己的性格。面對比自己優秀的人，父母必須讓孩子學會接受差距，要知道，我們總會遇到某些方面比自己強的人，不必過於在意，也沒必要妄自菲薄。引導孩子自我期望的最佳狀態，是讓他心無旁騖地專注於自己的目標，並持續地超越自我。

孩子和父母相處的時間最多，學齡孩童能夠尋求認同的對象，除了老師之外，就是父母，所以對「羅森塔爾效應」的認識最好能落實到父母身上。也就是說，

要讓孩子有一個健康的自我期望，父母對孩子的教育期望首先應該是合理的。

曾國藩曾經在給兒子曾紀鴻的家書中寫過：「凡人多望子孫為大官，余不願為大官，但願為讀書明理之君子。勤儉自持，習勞習苦，可以處樂，可以處約，此君子也……」

曾國藩對於子孫人生的預期，主要設定在人格實現方面，而不是物質實現方面。如果過多地停留在物質實現方面，例如考入名校，獲取高薪和高位，將物質實現做為人生的終極目標，就容易造成人生的挫敗感。

對孩子做物質實現上的期待，其實是不恰當的。

曾國藩不要求兒子有多大功名，但他兒子的功名有多大呢？曾紀澤是中國近代最偉大的外交家之一，從沙俄手裡爭回了伊犁。

生命必須留有餘地，就像雞蛋一樣，我們剝開煮熟的雞蛋就會發現裡面有個「窩」，沒有一個是全滿的，雞蛋留下的「窩」就是留有餘地。父母對孩子的教育期待也一樣，一定要給孩子留下一定的空間，過高的目標、過滿的學習計畫只會讓孩子的成長受損。

5 囉嗦——孩子最厭惡的溝通方式

「好的關係勝過許多教育」，這句話的意思是，當你與孩子感情越深，關係越好，你的教育就越有效。真正的教育是自我教育，最好的學習是熱愛學習，絕不是逼著、管著學習。

這就是教育的規律，對父母來說，建立好的親子關係特別重要。

我的一個小學員璿璿，有一天來上課的時候，衣服上有很大一塊牛奶漬，問她是怎麼弄的，她氣鼓鼓地說，早上吃早飯的時候，媽媽先是讓她吃雞蛋，對她說：「乖孩子，妳現在正長大，需要很多營養，雞蛋中含有豐富的蛋白質、維生素和礦物質，吃了對妳的身體特別好。」

璿璿有點不耐煩，因為這樣的話媽媽每天早上都會說。她順手拿起一個麵包

吃起來，媽媽急忙為她倒了一杯牛奶，遞到她手上說：「乖孩子，光吃麵包哪有營養，喝杯牛奶吧！」

璿璿喝了半杯，覺得好飽，剛放下杯子，媽媽馬上說：「把剩下的半杯也喝了，不然到了學校會餓的。」

璿璿回答道：「我已經吃飽了，喝不下去了。」

媽媽說：「妳多少再喝一些，這種牛奶很貴的，非常有營養。」

璿璿真的不想喝了，說：「等我晚上回來再喝。」

媽媽說：「那怎麼行呢？到了晚上就不新鮮了，喝了會肚子痛，妳就再喝兩口吧！」邊說邊將杯子往璿璿手裡塞，璿璿推了一把，結果牛奶全灑在身上。

璿璿賭氣出了門，媽媽還在身後囉嗦：「過馬路要小心，注意安全，到了學校聽課要認真，中午吃便當的時候別忘了喝果汁……」

一所中學曾經做過一個《「問題學生」調查報告》，透過對部分「問題學生」全面細緻的調查，科學分析了導致「問題學生」的原因，其中家長囉嗦取代了父母離異，成為「問題學生」產生的最主要原因。

其實，對家長囉嗦感到極度反感的，不只有「問題學生」，絕大多數中小學生也表示不滿。另一項調查也顯示，百分之五十以上的學生覺得父母的囉嗦「煩得很」，認為「每天都會遭遇家長囉嗦」的學生佔百分之九十以上。

父母囉嗦的話題多是太早談戀愛、考試、學業、飲食、服飾等，可怕的是，絕大多數父母對自己的囉嗦毫無知覺，反而普遍認為這是一種愛和責任。少部分父母雖然意識到自己很囉嗦，但認為「孩子必須經常敲打、時刻提醒」。

孩子年齡越大，對父母的囉嗦越反感。孩子小時候，對事情沒有太多自己的看法，通常會唯父母是瞻。而當他們年紀越來越大，尤其是到十三、四歲進入青春期時，心理逐漸成熟，自我意識開始覺醒，對世界開始有自己的認識，逐漸將自己定位於獨立主體。這時，父母再像以前那樣喋喋不休，他們就會覺得沒有得到成人的尊重，於是產生對抗情緒。

另外，各種束縛和壓力增多導致孩子心理焦慮，上學以後，孩子要承擔越來越重的學習任務，從而產生了焦慮的情緒。此時，父母的囉嗦在他們聽來非但不

是「金玉良言」，反而會激起他們的反感。如果家長此時還像小時候那樣管教孩子，只會加深親子關係的裂痕。父母應該放下架子，教育孩子時，最好不要絮絮叨叨，不能總是「我說你聽」，而要以平等的身分和孩子溝通，尊重他們做為獨立主體的存在。

在一些兒童網站中，很多小孩子會在論壇中探討怎麼對付囉嗦的爸媽，有些孩子說，把父母的囉嗦當成「耳邊風」就好了，學會了陽奉陰違，你說你的、我做我的，根本不當一回事。有的孩子會進行反抗，不再尊重父母。還有一首以媽媽的各種囉嗦為歌詞的《媽媽之歌》風靡網路：「起床、起床，快起來！去洗臉、去刷牙、記得梳頭！會熱嗎？會冷嗎？你就這樣穿著出門嗎？別忘了鋼琴課在今天下午，所以你要練！出去外面玩，別玩太瘋，別鬧太兇。今晚不准玩電腦！我說了算！我是你媽！……」

會教育孩子的父母，都是寬容、寬鬆的，而不是對孩子做的每一件事都指手畫腳，參與個沒完。好父母會尊重孩子，變「說」為「聽」，只是對孩子提出原則性建議，這樣才能獲得孩子的信任和認同。反過來，如果孩子長期被嘮叨，在負面情緒的影響下，他們就會啟動「選擇性失聽」來保護自己。這樣，父母的教育就發揮不了作用了。

人們對於自己擁有的、隨時可聽可看的東西，常常缺乏熱情的關注，並逐漸把它忽略掉了。那麼你可以想想，如果在孩子的耳邊老是重複同樣的幾句話，同樣的一些道理，會產生什麼樣的後果？

老調重彈，反反覆覆說同樣的話，會讓孩子產生一種習慣性的模糊聽覺，也就是明明在聽，卻根本不入心，這是長期重複聽同樣的話語而產生的一種心理上的忽略。所以，做父母的，不要老是只怪孩子不聽話，也該靜下心來想想，自己是否真的太囉嗦了。既然有些話每天、隨時都能聽到父母講，今天沒注意，明天還可以再聽，孩子當然也就心不在焉了。

針對這種情況，心理學家為喜歡「碎碎唸」的父母提出了行為建議，早日終結「碎碎唸」。

父母愛囉嗦，是因為不知道如何正確地和孩子進行有效的溝通。如果家長和孩子之間的溝通品質高，所有的問題都可以透過簡單的交談來解決，根本就不需

要囉嗦。

想要做到與孩子有效溝通，要在父母和孩子的狀態都好的時候進行溝通，如果有一方「氣不順」，帶著情緒講話，溝通的效果肯定好不了。父母對孩子說話時，盡量能夠直接表達「自我感受」，而不是命令性的語言。比如說，看到孩子一直在玩，而不做功課，家長可以這樣對孩子說：「寶貝，你一直不做作業，媽媽心裡覺得很著急，不知道怎麼辦好。」聽到這樣的話，孩子肯定不會有抵觸情緒，可能會反過來為父母考慮，調整自己的行為。

6 十歲是孩子成長過程中的一個關口

十歲的孩子處在兒童的後期階段，孩子的心理發生了明顯的轉變，開始從被動學習主體向主動的學習主體轉變，並開始有了一些自己的想法，但是，孩子辨別是非的能力還是極其有限的，經常會遇到很多自己難以解決的問題，是不安的開始，他們開始對世界感到恐懼。如果經過正確的引導，孩子可以安然度過這個不安的時期，綜合能力得到快速的提高，在學習的旅途中將會實現一次具有人生意義的深刻轉折，從此踏上成功的人生之路。

一位媽媽和我談起她的兒子，說孩子今年十歲了，突然變得很難管教。比如，最近一個星期就偷偷從媽媽錢包裡拿了好多錢去買零食。還學會了頂嘴的壞毛病，大人一說他就忙不迭地反駁，而且我行我素，很有主見的樣子。

這個媽媽很著急還很生氣，經常打罵孩子。

在孩子的成長過程中，十歲是個關鍵的年齡。一些教育學家認為十歲是孩子離開「夢幻世界」，開始蛻變成「地球人」（earthy person）的關鍵期。

孩子成長到十歲，會有一些重要的轉變，如果父母不懂得配合這些轉變，對親子關係會有很大的負面影響：與孩子的溝通會快速地惡化；孩子對父母進行抗拒、隱瞞等行為也會出現。通常說的代溝、叛逆性格都在這個時期產生。更嚴重的爭吵、不理睬、離家出走等行為也可能發生。特別是這些轉變來得既快又大，令父母措手不及，感到不知如何是好。

其實，這些都與孩子大腦成長發育的方式有關。

科學研究顯示，大腦的生長不是均匀和直線的過程，而是非匀速和分階段的過程，各個階段是相互影響、環環緊扣的，任何一個階段的發育受到阻礙，都會對今後產生不良的影響。

人在十歲左右大腦前額皮層發育完善，大腦的抑制能力加強，孩子的自制能力增強了，對自己的行為和情緒變化變得更加有意識。對大腦的發育來說，可以說是一個「準大人」的階段。所以十歲是培養孩子情緒控制能力的關鍵期，情感發展由易變性向穩定性過渡。從情感外露、淺顯、不自覺向內控、深刻、自覺發展。

這個時期，父母如果教育和引導得當，可以使得孩子的情感控制能力有較大的提高。此時孩子社會交往的重心由家庭逐漸轉移到學校，同學關係和友誼成為影響孩子的重要因素。在這個階段裡，孩子做的事都在模擬成年人的行為（認為自己已經有做成年人所做的事的資格），不會僅僅只是遵從大人的指示而做事。

孩子年紀小的時候，可能常常聽從父母指示，在父母的身邊亦步亦趨、很隨和順意。可是在一、兩週內，孩子會忽然變了另一個人，不再喜歡跟隨大人外出，而且事事有自己的主見。他的主見大都不會很好，沒有效果，但卻總是堅持己見，寧願事後受挨罵。

原來，為了準備踏入「準成人」的階段，孩子的腦裡開始了一個預編的程式。在這之前的日子裡，孩子習慣並且樂意讓家長拉著他的手走路，但是孩子做「準

成人」時，卻必須要獨立，不讓人拉著，用自己的雙腳走路。這個改變的第一步就是孩子想甩開父母的手，這時所表現出來的行為態度就是不再事事聽從父母的安排，例如不再喜歡跟隨父母去什麼地方，送上學也只讓父母送到遠離校門的路口。這時候的孩子會有很多意見，就算是一件曾做過多次，一向用父母所教的方法做得效果不錯的事，現在卻不肯照著慣用的方法，而是改用自己想出來的，往往效果不好的方法。弄糟了以後問孩子為何不用原來的好方法，他也答不出來，這是因為在當時，孩子的內心就有這樣一份衝動。這份衝動來自他腦裡遺傳基因預編的程式，是成長的一個重要部分。

父母若明白這是孩子成長中極為重要的一步，便不會事事干涉、施壓，堅持孩子聽從自己的指示或使用舊方法了。畢竟父母是想孩子將來成為一個獨立的、有能力照顧自己、成功處理人生中種種挑戰的人，甩開父母的手是必然的第一步。剛開始時所想到的方法當然不夠周詳，可是這正是好的自立鍛鍊呢！

若父母不明白這個道理，就會以為孩子變得叛逆了，處處不聽話、事事頂嘴、溝通困難，而與孩子關係變得緊張。

這時，對孩子的教育要以說理為主要方法，因為他已經懂得一些道理了，應該給他設置一些「情境」去比對和分析。比如：孩子吃好吃的東西沒有吃夠，可以和他說，你吃不愛吃但應該多吃的東西也這樣吃嗎？再比如，讓孩子看一些反面的事例，然後讓他發表觀點，那麼以後他犯錯的時候就不用多麼嚴厲地批評他就懂了。

讓孩子多做一些他該做的或力所能及的事情。電影《蜘蛛人》裡有一句臺詞說，「能力越大，責任越大」。所以要想孩子有更大的能力，就應該嘗試讓他負更大的責任。尤其是一些家事，讓孩子適當參與可以體會父母的辛苦，對於以後的獨立生活也是很好的鍛鍊。孩子會做一些事情，在十歲的年齡，還能促進他的自豪感。讓孩子做家事，不是以他做多麼好為標準，而是要以指導他會做和鍛鍊他為目的，不要過分批評他做得不好，寧可有的時候父母自己重來。孩子做了，還要經常表揚和鼓勵他。

另外，加強與孩子的交流，多與孩子談談，聽聽他的想法和感受。有時父母覺得自己很忙很累，或覺得孩子的話題太幼稚，不願意與孩子交流。實際上這樣

就失去了好的教育機會。多和孩子聊聊天，談論事物，或一起看書、學習、娛樂，既能鍛鍊孩子的表達能力，也能發現孩子的觀點，還能在潛移默化中滲透父母正確的觀點，讓孩子不知不覺地健康成長。

7 孩子上學後精神壓力很大怎麼辦？

不少父母把孩子的一些心理和行為問題當成一時的情緒化行為或偶然現象，其實，孩子這些有「心事」的表現應該為家長敲響警鐘了。

阿岳已經十天沒有去上學了。無論爸爸媽媽怎麼誘導，他就是默默哭泣，堅決不肯走進校園一步。對他批評得厲害一點，他就大哭大鬧著說：「我再也不要上學了，你要讓我去學校，我就去死！」甚至出現了腹痛並伴有噁心嘔吐的狀況，爸爸媽媽帶他到幾家醫院診治，都查不出任何問題。阿岳的爸媽感覺頭痛極了，不明白一向聽話懂事的兒子為什麼會突然變得如此厭學。

網路上有一個影片，說某男子早上從自家社區出去上班，突然有一個小蘿莉衝出來，抱著他的腿大哭說：「叔叔，你娶我吧！」他正在凌亂中，身後有個聲音傳來：「妳今天就是結婚了，也得給我去上學！」

孩子不想上學，是令父母頗為煩惱的問題，打也不行，罵也不是，勸也沒用，弄得父母無從下手。

要解決孩子厭學的問題，首先要弄清楚孩子不想上學的原因。

關於孩子不想上學，原因多種多樣。有的孩子是因為學業成績太差，老師講課聽不懂，在學校整天過得沒意思，又怕父母責備，索性不想上學；有的是因為在學校常遭受欺負，待在學校簡直就是受苦，所以不想上學；有的是因為快面臨考試，考試壓力過大，心理上承受不住，不想上學……總之，孩子不想上學的原因很多。

在這些眾多的原因中，最普遍導致孩子厭學的原因，是孩子的精神壓力過大。

根據心理學家的研究，當壓力適中時，學習效率最好；沒有壓力或者壓力過度，學習效率都很低下。「在針對國內學生的一份調查顯示，在學生的心理問題狀況中，學習壓力、情緒問題、考試焦慮分別位居前三位，其中學習壓力位居首位。導致孩子學習壓力過大的因素，有孩子自身的因素，比如對自己期望過高、學業方面準備不充分、過於計較成績與名次、懼怕失敗、得失心太重等；也有外在方面的因素，比如，父母對孩子的期待值過高、考試競爭過於激烈、課業負擔過重等。

學齡孩子出現的各類不適，有百分之八十與學業有關，主要表現在六個方面：

一、不喜歡老師，對老師講課的內容不感興趣。上課無精打采，經常打瞌睡或出神，課堂上小動作特別多。

二、做作業拖拖拉拉或敷衍了事，經常性地抄同學的作業或不完成作業，甚至一見到作業就厭倦、煩躁、發火甚至哭泣。

三、懼怕考試。對考試表現出明顯的焦慮情緒，考前過於緊張、失眠，考試時腦子裡一片空白，平時學會的知識都忘得一乾二淨，甚至到了談考色變的程度，或者發生病理性反應。

四、因為平時學業成績較好，對自己總是有很高的要求，特別在乎成績的排名，稍有失誤就無法接受。

五、與父母關係緊張，厭煩父母督促自己的學業，不願與父母討論有關學業的事，對父母提出的成績及排名的期待，表現出很強的抵觸情緒。

六、因學業成績不好而過分自卑，妄自菲薄。對自己沒有信心，心理脆弱，尤其是在考試前後、作業太多或學習遇到挫折的時候，會因此而離家出走，甚至滋生輕生的想法。

另外，根據美國心理學家的研究，證明了精神壓力過大，對兒童健康有很多負面影響，甚至會損傷智力。美國羅徹斯特大學小兒科副教授瑪麗·卡塞塔認為，精神壓力過大，會導致兒童頻繁發燒。而史丹佛大學的維克托·加里昂的研究結果顯示，精神壓力過大，會導致兒童大腦內負責記憶和控制情緒的海馬體萎縮，從而對大腦發育造成極大損傷。

當孩子感到壓力很大的時候，父母必須開始重視，從身心各方面積極幫助孩子減壓。

心理學家為我們推薦了幾種非常有效的兒童及青少年減壓方法——

首先，孩子在感到壓力大的時候，父母可以幫助孩子做一些放鬆訓練，進行壓力的疏導。

下面簡單介紹幾個自我壓力疏導的放鬆法：

一、音樂放鬆法：無論是孩子還是成人，聽輕音樂十五分鐘，都會覺得心裡舒服多了，精神上也得到了有效的放鬆。音樂本身可以轉移人的注意力和意志力，音樂放鬆帶有催眠放鬆的原理。

二、意念肌肉放鬆：這也是很多心理學家和催眠大師推薦的放鬆方式。從頭到腳，每個部位逐一地放鬆繃緊肌肉，同時把注意力聚集在正放鬆的肌肉上，隨著肌肉的鬆弛，情緒也會逐漸放鬆下來。具體的順序是：「頭皮↓額頭↓眉頭↓眼皮↓臉部↓頸部↓肩部↓大臂↓手肘 ↓小臂↓手腕↓手背↓手指↓胸部↓背部↓腹部↓腰部↓臀部↓大腿外側↓大腿內側↓膝蓋 ↓小腿外側↓小腿內側↓腳踝↓腳背↓腳掌心↓ 腳趾」，然後從腳到頭再進行一次，通常就可以把身體完全放鬆下來。

三、腹部呼吸：平躺在地板上，身體自然放鬆，緊閉雙眼。吸氣，腹部鼓起，然後緊縮腹部吐氣，最後放鬆，使腹部恢復原狀。正常呼吸數分鐘後，再重複這一過程。

放鬆訓練屬於身體和意念方面的減壓方法，能夠迅速地看到效果，但是要想治本，從根本上解決孩子的精神壓力問題，還需要在行為上做一些調節，具體如下：

一、時間管理：善於安排和利用時間可以幫助孩子提高學習效率，減少壓力，緩解焦慮。在各種學業任務特別繁重的時候，要幫助孩子學會按照不同學科的要求，分配和平衡時間，根據事件的重要性合理安排時間，可以有效地排除重壓所致的疲憊感。

二、確立現實和可以達到的目標：根據孩子的情況制訂力所能及的目標，以提高目標實現的機率，減少因目標過高不能實現而產生的煩惱和壓力。

三、勞逸結合：讀書時間過長而缺乏足夠的娛樂，是學生壓力的主要來源之一。學習生活中應該有張有弛，適度的娛樂是更好學習的保證。

減壓還有一個最重要的策略就是反思導致壓力的觀念和想法，在心理學上稱之為認知調節。舒緩壓力的一個好辦法就是問問自己：這是不是最糟糕的結果？通常，事實沒有我們想像的那麼糟糕。所以，父母要幫助孩子打消一些不必要的顧慮，減輕孩子的心理負擔，還可以和孩子一起分享自己的經驗。

父母小時候一定也曾經遇到過與孩子類似的情況，當時是怎樣面對和克服的，這些都可以和孩子分享。當孩子知道了父母原來也常常會有面對壓力和煩惱的時候，他們對父母所說的話就比較容易聽進去了。父母告訴孩子自己是怎樣應付壓力的，實際上是為孩子樹立了一個很好的榜樣，也就增強了孩子克服壓力的勇氣和信心了。

8 讓孩子把自己的情緒宣洩出來

父母面對孩子的壞情緒，應是要教孩子控制自己的情緒，或者讓孩子透過正確的管道發洩情緒。要先理解、接納孩子的情緒。如果孩子出現不良的情緒反應，父母也要先用同理心和傾聽的技巧，接納孩子的情緒。當孩子感覺到父母願意理解他的感受時，心情就會慢慢地平靜下來。

我的一個小學員名叫小軒，今年十三歲。有一天小軒的媽媽告訴我，她前幾天與小軒發生衝突了。那天，小軒正在寫暑假作業，媽媽覺得他寫作業不是很認真，邊做邊玩，就責罵了他，沒想到小軒竟然勃然大怒，以此為藉口，向媽媽揮手跺腳，大喊大叫，還撕了課本。小軒媽媽被小軒的發狂驚訝到目瞪口呆。

如今，情商（EQ）的重要性已經被人們所認同，而一個情商高的人，通常對於自身情緒的控制力都非常強。情緒控制力好的孩子，對挫折忍受度高，社交能力和學業表現也比較傑出。事實上，家庭是孩子學習情緒能力最重要的開始，父母更是孩子最重要的情緒教練。但是，在生活中，很多父母在孩子的情緒教育問題上通常顯得手足無措。

面對孩子的情緒，父母最常見的幾種反應是：

一、以暴制暴：「再胡鬧，就讓你好看！」之類的恐嚇和威脅話語，不但會扼殺孩子的自尊心和安全感，甚至會採取自我破壞和被動的攻擊行為當成對父母的報復。

二、當孩子情緒的奴隸：「爸爸幫你解決就是了，別難過了。」用賄賂、哄勸的方式息事寧人，反而讓孩子學會了用「情緒勒索」的方式控制父母。

三、給孩子的情緒貼標籤：「你真是壞孩子，怎麼這麼粗暴？」「真是愛哭鬼！惹人厭。」父母貼在孩子身上的「負面標籤」，會輕而易舉地扭曲孩子的自我認定。

四、進行說教：「你看！我不是早就跟你說過了……」這樣的「馬後砲」對沉浸在惡劣情緒中的孩子沒有任何用處。當孩子傷心、難過、生氣的時候，情緒已經主導了全部意識，根本不是灌輸規則與訓誡說教的好時機。

五、迴旋鏢效應：「你就鬧吧！把我氣死好了！」在孩子發脾氣時，父母無法保持冷靜，反而回以憤怒，那肯定會引起孩子一連串的壞脾氣，形成「你來我往」的惡性循環，親子之間的戰爭也將由此開始。在這個時候，父母最錯誤的做法就是否定孩子的情緒。孩子最不喜歡自己的感覺、情緒遭到別人的否定，所以當情緒遭到他人的否定時，他們的壞情緒只能是愈演愈烈，最後「發脾氣也沒什麼大不了」的想法也將深刻在孩子的心上。

六、阻斷溝通：「怎麼垂頭喪氣的？振作一點！」漠視孩子的情緒或輕描淡寫，不但阻斷了親子溝通，也讓孩子相信情緒是不受歡迎的，進而築起一道心牆，變得對自己和他人的感受都麻木不仁。

做父母的面對孩子的壞情緒，正確的反應是應該教孩子控制自己的情緒，或者讓孩子透過正確的管道發洩情緒。

首先要理解、接納孩子的情緒。如果孩子出現不良的情緒反應，父母要先用同理心和傾聽的技巧，接納孩子的情緒。當孩子感覺到父母願意理解他的感受時，心情就會慢慢地平靜下來。

臺灣師範大學特殊教育系的洪儷瑜教授說過，在孩子出現負面的情緒時，父母往往會以「不可以這樣」來管教孩子，使孩子的情緒受到壓抑，而不能提供給孩子一個實際練習面對和處理負面情緒的機會，長久下去，孩子表面上可能沒事，內心的「情緒垃圾」卻越積越多，最後一發不可收拾。

不過，接納孩子的情緒，並不代表同意孩子的行為，要讓孩子懂得，所有的感覺和情緒都是可以被接納的，但是不當的行為必須停止。當孩子「無理取鬧」時，因為心軟而改變立場是父母的大忌。父母可以走過去，用輕柔和同情的語氣說：「你是不是很不開心？看見你這樣，我的心裡也不舒服。」就這樣分享他的情緒。

一開始，孩子可能會拒絕你的關懷，你可以走開，一會兒再回來，仍然用同樣的方式跟他說話。用這種方式向孩子表明，你對事情的立場是堅定的，但在情

緒方面，你願意和他分享，因為你理解和在乎他的感受。

接下來，父母要像一面情緒鏡子，幫助孩子用語言表達他的真實感受，協助孩子察覺、認清自己的情緒，例如：「看你哭得這麼傷心，一定很難過，對不對？」回應孩子的感受，可以讓孩子明瞭自己的感覺。之後，繼續用開放性的提問方式，例如：「今天是不是發生什麼事了？」協助孩子正確表達情緒，弄清情緒背後的原因。只有找到情緒反應的真正原因，掌握孩子的心理需求，才能有效地解決問題。

等孩子情緒平靜下來，引導他調整認知，從另一種角度看待引起他困擾的事情，例如：「事情已經發生了，你覺得很生氣，但是發脾氣也無濟於事，我們一起想想看有沒有更好的方法，好不好？」

做為父母的要懂得，培養情緒的控制力是一個持續進行的過程，一旦開始，就會漸入佳境。只要投入時間和耐心，運用技巧和練習，就能讓孩子做自己情緒的主人。

9 隱私被窺視讓孩子的自尊心譁然破碎

馬斯洛的層次需要理論中，把獲得別人的尊重看作是僅次於自己價值實現的最高心理需要。讓孩子學會尊重人，這是人的基本品格之一，也是家庭教育的重要目標。只有尊重別人，才能贏得別人的尊重；只有尊重，才能造成和諧的人際關係。

自尊是孩子的第二生命，蘇霍姆林斯基把自尊看作是人最敏感的角落，父母要像愛惜珍寶一樣愛護孩子的自尊心。

阿麗自上了國中後，就把自己的抽屜上了鎖，鑰匙總是藏起來。

一天早上，阿麗去學校以後，媽媽發現女兒的鑰匙放在桌子上，又驚又喜，立刻打開櫃子翻看了一番，想看看女兒究竟藏著什麼祕密。

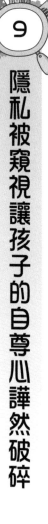

看完之後，媽媽小心地將櫃子裡的東西恢復原狀，將鑰匙依舊放在了桌子上。

晚上女兒回來，一進房間就大叫起來：「你們偷看了我的東西！」

媽媽否認說：「沒有！」

女兒叫道：「我在鑰匙上放了一根頭髮，怎麼不見了？」

母親立刻倒吸一口氣，原來女兒是試探父母的，這不是把他們當成「特務」了嗎？

處於青春期的男孩、女孩，總愛給自己的抽屜上把鎖，似乎藏著好多好多祕密。其實這是一種正常的心理特徵，它展現了孩子的一種獨立意識和自尊意識，宣告了他已成長為一個擁有個人行為祕密的成人，不再像孩童那樣，隨時都願意向父母「敞開心扉」。這是孩子自由個性的集中表現，包括父母在內的其他人，再也不可以隨意進入自己內心的「隱祕世界」。毫無疑問，保護孩子的「隱祕世界」是對孩子的尊重，父母也會因此贏得孩子的敬重。

根據調查顯示，當孩子和同學聊天或者打電話的時候，有半數以上的家長會在一邊旁聽，甚至是偷聽。雖然很多時候孩子表示只是隨便和同學聊聊天，但是父母仍然會旁聽，很多父母也表示出自己的無奈：「孩子有什麼話都不跟我們講，這是我們唯一瞭解他的辦法。」殊不知，這些父母的做法卻正是孩子們最反感的行為。

說到隱私權，很多人都覺得這是成人的專利，對於孩子的隱私權則不以為然。其實孩子在三歲左右就開始有自己的小祕密了，而且很在意自己的小祕密。很多父母總是覺得孩子「瞞人沒好事」，費盡心機也要破解孩子心中的小祕密。這種觀點和做法都很欠妥，隨意揭露孩子的隱私會對孩子的心理健康及人際關係造成嚴重的傷害。

美國哥倫比亞大學教育心理學教授金伯利・肖內特認為：「青少年時期對隱私的需要超過他一生任何其他時期，甚至成年期，如果你認為隱私對你很重要，那麼它對你的孩子更重要。」

所以說，孩子需要有自己私人的時間和空間，對此父母應給予應有的包容和尊重。在孩子的生活空間上應如此，在孩子的心靈空間和感情空間上更應如此。

一旦你輕易地觸動了孩子的隱私，孩子的心靈大門就會從此對你緊閉。所以，做父母的千萬不要偷聽孩子的電話，查看孩子的簡訊、偷看孩子的日記、跟蹤孩子或者向孩子的同學或朋友「刺探情報」，否則，與孩子間的距離只會越拉越遠，甚至還會產生難以挽回的後果。

這樣說來，孩子的隱私父母就不能過問了嗎？當然不是！只是過問時需要講究方法，先尊重孩子的隱私權，再讓孩子自願地和你傾談隱私。

隱私具有一定的相對性，自己的私事對一些人是隱私，對另一些人則不是；隱私可以轉化，不信任你時是隱私，信任你了就可以不是隱私。

父母要爭取孩子的信任，使孩子主動、自願地披露心中隱私。這就要求父母盡可能做到：

一、長期培植孩子對父母的信任感。

二、在日常生活中培養孩子與父母溝通情感的習慣。

三、不偷看孩子的日記、私自拆看孩子的信件。

四、承諾為孩子保守祕密，就一定要守信。

尊重孩子的隱私權，這是密切親子關係、獲得孩子信任的基礎。當孩子希望自己一個人在房間裡待一會兒，不想被人打擾時，父母就不要隨便進入，當需要進入孩子的房間時，應該敲門，並禮貌地問他：「我可以進來嗎？」

即使想幫助孩子收拾房間、書桌或者書包時，也最好讓孩子知道，徵求孩子的同意，你應該說：「媽媽幫你收拾一下，可以嗎？」

當父母表現出尊重孩子，孩子才會尊重父母，從而把父母當成他的好朋友。當他遇到什麼事情或者心中有祕密的時候，才有可能主動與你溝通。也就是說，父母越尊重孩子的隱私，與孩子的距離也就越近。

10 孩子心裡的不快樂，你知道嗎？——抑鬱心理

小時候某次酣暢淋漓的玩耍，也許會讓你懷念到老。長大後的某次加薪晉職，一陣興奮過後再也索然無味。

在生活的壓力下，我們關閉了太多的感覺器官，不會像孩子一樣注意到那些微乎其微的東西。而在孩子的世界裡，一件小事也許就是震盪心靈的大事。

我有一個家長訪客，最近心神不寧，總是擔心自己的女兒欣欣會想不開。怎麼回事呢？原來在某天晚上，媽媽催促正在看電視的欣欣趕緊做作業的時候，欣欣突然摔了遙控器，說：「就只知道逼著我做作業，煩都煩死了。妳再逼我，小心我死給妳看！」欣欣的這句話讓媽媽嚇了一跳：寶貝女兒平時挺乖巧聽話的，最近一段時間卻非常暴躁，還時常冒出「真沒意思」、「還不如死了」之類的話。

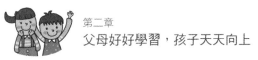

媽媽很擔心，萬一孩子真的出什麼事可怎麼辦？

無獨有偶。某個下著雨的上午，一輛呼嘯著的救護車將一個剛滿十歲的小女孩載到了醫院。一小時後，經過醫生的搶救，終於把小女孩從死神手裡搶救回來了。小女孩怎麼了？原來是她用刀割自己的手腕，想要結束自己的生命！

這個名叫小蓓的孩子，為什麼會想要自殺呢？這還要從兩年前說起。那個時候，她的爸爸投資失敗，整日無所事事，脾氣也漸長，經常在家裡大發脾氣。有時候喝了些酒，還會對小蓓和媽媽大打出手。尚年幼的小蓓，整日生活在被打的恐懼之中，精神開始恍惚，學業成績也一落千丈。不僅受到老師的批評，父母更是責備不已。尤其是小蓓的爸爸，他想不到原本成績優異的女兒，為什麼變得這麼沒有「出息」，更是想透過「懲罰」來教訓孩子。

這樣長期下來，小蓓的心理壓力越來越大，越是覺得生活失去了希望，人也變得沉默，開始不與別人溝通，不與人爭執，做任何事都小心翼翼，生怕惹別人不開心。她自殺的那天，媽媽告訴小蓓，她與爸爸正在商量離婚的事，小蓓終於承受不了了，覺得生活失去意義，於是拿起刀子，劃向了自己的手腕。

孩子的情緒早在出生後即可從表情來判斷，例如哭、笑，隨著幼兒逐漸成熟，情緒的分化和種類也越來越多。比如：頭痛、肚子痛、吃不下東西、睡眠過多或不足。行為上也可能會出現無理哭鬧、破壞東西、悶不吭聲、無精打采、退縮、緊黏家長、疑神疑鬼、憂心忡忡、不活潑、不愛玩耍、不合群、不聽話、不快樂，甚至還會有想自殺的念頭。

導致孩子這種憂鬱心理的原因有：

一、家庭因素。

殘缺的家庭結構和不良的家庭氛圍會誘發兒童抑鬱，父母離婚、喪亡或與孩子長期分離都會給孩子纖弱的心靈造成壓力，而家庭氣氛不和諧，比如家長經常爭吵、互不理睬，旁觀的孩子往往受到難以平復的心理傷害。

二、心理因素。

有的孩子嬌生慣養，被過度寵愛，缺乏抗壓受挫的能力；有的孩子性格內向，不敢與人交往；有的孩子自私暴躁，唯我獨尊，聽不得批評，這樣出現不利情況或負面評價時，他們就容易消沉抑鬱。

三、經歷因素。

經歷過重大生活變故的孩子，特別容易產生抑鬱症狀，因為孩子身心發育尚不完全，還不具備應對重大變故的心理調節能力，曾經的強烈刺激，對他們來說是揮之不去的陰影。

四、環境因素。

成年人處在一個充滿敵意或蔑視的環境下，都難免情緒惡劣，更何況孩子，如果他們從社會環境中感應到的總是厭煩、不滿、忽視，久而久之，就會形成抑鬱心態。

五、遺傳因素。

如果家族成員中有抑鬱症患者或自殺史，也可能導致孩子患得抑鬱症。

有一些家長反應，自家的孩子小小年紀，經常生生死死的，將「還不如死了算了」掛在嘴邊。有些家長覺得孩子是隨口說說，還有些家長會出現類似欣欣媽媽那樣的擔憂。更為嚴重的是，如小蓓一般，不輕易說「死」，但抑鬱的心理長期發展，一崩潰就直接尋死。

事實上，因為存在自殺傾向被家長帶往心理機構就診的孩子不在少數。把「死」掛在嘴邊，或者長期抑鬱的孩子有幾種心理：有些孩子的確是看電視或是讀書，把這「死」當成開玩笑的事情；有些孩子是因為從小被嬌慣，想要用「死」來達成自己的某種目的；還有些孩子索性沉默寡言，因為學業壓力，或者某些說不出口的壓力而產生自殺心理。

父母千萬不能對有抑鬱情況的孩子掉以輕心。在孩子開口說「死」，閉口沉默的時候，要及時和孩子進行溝通，找出孩子的心理問題。心理情況比較嚴重的，還應該帶著孩子去尋求專業的心理幫助，以免產生像小蓓一樣的嚴重後果。

認識孩子在生活中存在的壓力，耐心地和他們一起分析解決這些問題，對每位父母來說都是必要的。那麼該如何幫助孩子擺脫抑鬱的困擾呢？

一、要經常關注孩子的情緒。當發現孩子低落沮喪的時候，適時鼓勵孩子，讓他表達出自己的煩悶和憂愁，說出讓他為難的事。當爸媽的，一定要耐心傾聽孩子的心聲，或者可以鼓勵孩子對他信任的人訴說，這樣會讓孩子產生一種被愛、被理解的安慰感。要知道，傾訴本身就是一種情緒宣洩的好方式，能說出來，就表示問題不大。

二、在親子關係中，尊重孩子是教育中一個很重要的原則。為人父母，要尊重孩子的做事喜好，讓孩子做他願意做、喜歡做的事。比如，兩歲的孩子允許選擇午餐吃什麼，三歲的孩子允許選擇上街時穿什麼衣服，四歲的孩子允許選擇假日去什麼地方玩，五歲的孩子允許可以告知想買什麼玩具，六歲的孩子則允許選擇看什麼電視節目……只有從小就享有選擇「民主」的孩子，才會感到快樂自立。當然，前提是不能縱容孩子的任性要求。

三、父母不但要鼓勵情緒抑鬱的孩子做自己喜歡做的事，還要幫助孩子培養自己的興趣。開心地唱歌、跳舞、玩鬧，可以趕跑孩子的抑鬱，換來孩子的好心情。

四、鼓勵孩子多交朋友。不善交際的孩子大多性格抑鬱，因為享受不到友情的溫暖而孤獨痛苦。性格內向、抑鬱的孩子更應多交一些性格開朗、樂觀的同年齡朋友。

11 父母心態好，孩子狀態好

美國學者史特拉．切斯和亞歷山大．湯瑪斯，對一百三十五名兒童從嬰兒期直到成年進行追蹤研究，發現有兩種力量在塑造孩子的個性，一是孩子的氣質，二是父母對孩子做出的反應。可見，孩子成為什麼樣的人是其天性和父母的養育相互作用的結果。

有一位父親來跟我分享他最近的教子心得，他告訴我，過去因為孩子學業成績不好，他和太太常常爭執，夫妻二人就互相埋怨，還要訓斥兒子太笨，結果孩子的學業成績一路下跌。

有一次，孩子竟然考了倒數第一。這位爸爸接過試卷，剛想發火，轉念一想發火也無濟於事，不如換一種方法試試。他微笑著說：「太好了，兒子！」本來已經準備迎接暴風雨的兒子大吃一驚，以為父親已經被氣糊塗了。這位爸爸對兒子說：「你想想，這一次你不用再擔心別人會超越你，也不用擔心自己會考得更不好，你只要往前跑，就是在進步！」

孩子的心裡頓時輕鬆多了，第二次考試就有了大大的進步。

父母心態的穩定，是影響孩子心態穩定最重要的一個因素。

心理健康是一個系統工程，家庭在孩子心理健康教育中有極其重要的、不可替代的作用，父母的心理素質對子女心理健康的影響具有早期性、廣泛性、深刻性和長期性。

心理學認為，個人心理素質的形成關鍵是取決於兒童時代父母的教育和影響作用。

美國的心理學家發現，和心理有問題的父母生活在一起的孩子與心理健康的父母生活在一起的孩子相比，會產生更多的行為或情緒方面的問題。家長有心理問題的，其子女有心理行為問題的高達百分之六十。父母的教育行為是在其心理

支配下有意識進行的，不良教育心態必然導致不當的教育行為，進而對子女的心理健康帶來負面影響。

父母對孩子的態度不僅影響孩子的智力發展和學習，也會影響孩子其他能力和人格的發展。如孩子的社會適應能力、人際交往能力、自主能力、獨立能力等。人的這些能力是在童年時代奠定下基礎的，父母對待孩子的態度，對孩子在這些方面能力的形成有巨大影響。父母是用鼓勵的態度支持孩子去和其他小朋友交往，還是限制孩子的交往；當孩子受到挫折時，父母是幫助、鼓勵孩子，還是諷刺、嘲笑、忽視孩子，甚至讓孩子在挫折面前逃避，都將對孩子以後的心理造成重大的影響。

那麼，父母究竟應以什麼樣的心態來完成教育孩子的大任呢？

在對待孩子時要盡力讓自己擁有一個平和的心態，如果父母表現出很焦慮、暴躁或者急於求成，那孩子的心態就會更加不穩定。

教育是一個複雜的過程，在這個過程中，父母很難預料到會碰上什麼事情，孩子會有什麼表現……唯有保持平和的心態，父母才能從容不迫地應對一切教育難題。例如，當遇到困難的時候，父母只有將心態放好，既不抱怨自己，也不埋怨孩子，心平氣和地去想辦法努力解決問題，才能漸漸在幫助孩子處理問題時遊刃有餘。

教育專家告訴我們，養育一個健康、快樂的孩子永遠比培養一個出類拔萃但不開心的孩子重要。

養育孩子，少一點焦慮，多一點輕鬆，不妨學著以平和的心態，做一對不較勁的父母。

第三章

健康心理的種子播下的時間越早越好

有位兒童教育家說過：「優秀的品格，只有在孩子仍在搖籃的時候開始培養才有希望。健康心理的種子在孩子心裡播下的時間，越早越好。」

我身邊有很多來訪的家長，將教育孩子的時間放在開發孩子各種能力上，他們認為道德是很虛幻的，不知道如何下手。對那些可以具體化的知識來講，他們可以用比較精確的測量評估表來測試出孩子的程度，也就知道如何著手教孩子。但是道德教育不像別的教育那樣有一個章程，這也是家長們有意無意地忽略孩子道德教育的原因之一。

1

「苟不教，性乃遷」

對孩子道德教育也要點到為止，不要過分誇大事情的嚴重性，或者是抓住孩子的某個問題不放。如果讓孩子的內疚感演變成罪惡感，對孩子的心理有害無益。

前一段時間看了一個新聞報導：

某學校有一個班長，有打「小報告」的習慣，經常將班級內的事情在班會上當著大家的面彙報給老師，因此引起了很多同學的反感。

一天，班上有數名男生帶著管制刀進了學校。沒多久之後，班導走進教室，沒有過多解釋，就將他們的刀具沒收了。中午吃過午飯，被沒收了刀具的男同學來到班長面前，質問她是不是向班導告密了。班長矢口否認，這些學生就鎖上了教室的門，輪流用掃把、不銹鋼飯盒等東西毆打她，整個過程持續了十幾分鐘。當班導趕到現場的時候，她已經被打得遍體鱗傷了。

「苟不教，性乃遷」的意思就是說如果從小不好好教育，善良的本性就會變壞。這句千百年來流傳民間的三字經，在某個角度上反映出家庭教育的中心任務之一——培養孩子的道德。但是從這個新聞事件上，我們可以看到孩子在道德上的缺失。

我們培養孩子，肯定是希望他能成為一個德、智、體、群、美全面發展的人，因此道德教育也應該成為你教育孩子的重點。但是在我的來訪者中，有很多家長都出現了重智輕德的現象。而我要提醒家長的是，品德是孩子日後為人的根本，是千萬不能忽視的。

有位兒童教育家說過：「優秀的品格，只有在孩子仍在搖籃的時候開始培養才有希望。道德的種子在孩子心裡播下的時間，越早越好。」我身邊有很多來訪的家長，將教育孩子的時間放在開發孩子各種能力上，他們認為道德是很虛幻的，不知道如何下手。對那些可以具體化的知識來講，他們可以用比較精確的測量評估表來測試出孩子的程度，也就知道如何著手教孩子。但是道德教育不像別的教育那樣有一個章程，這也是家長們有意無意地忽略孩子道德教育的原因之一。

心理學認為，一個人的道德不是生而有之的，但人也不會違背自己的天性。事實上，我們天生具備的是獲得道德的能力，然後透過教導和習慣來達到盡善盡美。打個比方：一個孩子學鋼琴，如果父母沒有請專業的鋼琴老師來為他示範，他是沒有辦法無師自通的。道德的學習也是這樣。孩子的道德習慣是以父母、親友與其他社會人員為鑑的。父母應該成為道德的實踐者，這樣在孩子的眼中才能出現道德的萌芽。或許他們還不清楚道德是什麼，但一顆美麗的心已經在慢慢地滋長。只有讓道德陪著你的孩子，他們才能在世界中寫出一個大寫的「人」。

孩子的道德教育，不像孩子學說話、學識字那麼立竿見影，它所依靠的是潛移默化的影響。做為父母，除了在日常生活中成為孩子的道德學習對象，還可以透過一些技巧來培養孩子的道德感。

你肯定會經常以自己心愛的寶貝為驕傲，這種感受應該讓孩子瞭解，讓孩子知道你是他的驕傲。孩子非常樂意知道他做什麼事會讓你讚賞，會讓你對他感到驕傲自豪。因此，當你的孩子做了正確的事情，哪怕再微不足道，也一定要將你的自豪表達出來。

你要讓孩子瞭解，他做的任何一件事，再小都不是他一個人的事情。他的任何一個小的行為，不管好的、壞的，都會影響到別人。讓孩子試著學著理解別人，從別人的角度考慮問題。雖然孩子可能還是無法準確理解你的意思，但是給孩子種下同理心的種子，是為孩子的道德生根發芽所施的肥料，讓孩子的道德心更茁壯。

在孩子行為不當的時候，適當地讓孩子看到你的窘迫，有分寸地讓孩子知道你因為他的作為而感到窘迫不安，能在一定程度上幫助孩子道德心的塑造。比如，孩子習慣在公共場合大聲喧嘩，這時候你可以跟孩子說：「寶貝，你這樣做很沒有教養，別人會覺得是我沒有教好你。」孩子肯定會覺得羞愧，進而改正這個習慣。將你的尷尬讓孩子感知，並且與孩子講明道理，會幫助孩子改正習慣，建立道德觀念。

在對孩子的道德心理訓練中，有一個方法叫做「內疚感訓練」。教導孩子知曉內疚感，對培養孩子的道德心非常有好處。孩子犯了錯誤後如果能夠產生內疚感，就會進行自我反省，從而可以保證今後不再犯類似的錯誤。比如，當孩子從隔壁鄰居家的花園裡採回一束花來炫耀的時候，你別覺得這是小事，這可是個嚴肅的是非問題，往小了說是孩子貪小便宜，往大了說就是孩子偷竊他人物品。在這種情況下，你得讓他知道這是犯錯了，讓他產生內疚感。

「寶貝，沒有經過別人的允許，你不能隨便摘人家的花。你看鄰居阿姨天天那麼精心地種花，你摘下了，她知道了會有多難過啊！當然，這也怪媽媽，沒有及時教導你。」你將自己的內疚表現出來，孩子就會覺得他真的是做錯事了。當然，你也要注意分寸，不要過分誇大事情的嚴重性，或者抓住一件事沒完沒了，否則太強的內疚感會變成罪惡感，給孩子的內心留下陰影，不利於孩子的心理健康。

2 家有「撒謊精」，爸媽怎麼辦？

孩子說謊的原因有很多，家長一定要弄清楚孩子撒謊的動機，再對症下藥地對孩子進行教育。要尊重孩子，努力營造民主的家庭氛圍。這樣才不會讓孩子因為擔心做錯事被責罵，而撒謊保護自己。一定要讓孩子瞭解：錯誤是可以原諒的，但是撒謊，在任何時候都不能被原諒。適當的時候，還可以讓孩子小小地受點懲罰，讓他記住——撒謊是可恥的，堅決不撒謊！

班上的學生陶陶前幾天一臉沮喪地對我說，自己被他媽媽稱為「撒謊精」。怎麼回事呢？陶陶卻低著頭不說話了。陶陶的媽媽來接他的時候，我詢問了這個情況，陶陶的媽媽一臉無奈地對我講述陶陶的「罪行」。

原來陶陶經常對媽媽說謊，比如有時候陶陶從學校回家，會突然對媽媽說：

「我們班導對我太過分了，總是罵我。」媽媽聽了之後很生氣，第二天就找到學校的老師。但是經過調查和瞭解，發現班導對陶陶其實十分關愛。媽媽瞭解了情況，趕緊跟班導道歉，一臉尷尬地帶著陶陶回家了。

回到家，媽媽問陶陶：「為什麼要撒謊騙我！」

陶陶嘻笑著說：「我只是開個玩笑而已。」媽媽聽了這個解釋，氣得連話都說不出來。

撒謊的還不只這一件事。有一次陶陶考了七十分，但是一回家，卻告訴媽媽自己考了全班第二。媽媽信以為真，還買了最新的模型玩具獎勵陶陶。誰知道後來開家長會，才發現根本沒這件事。媽媽質問陶陶，陶陶又是擺出一副「任人宰割」的樣子。

陶陶的媽媽問我，孩子怎麼會撒謊呢？

其實，孩子會說謊，幾乎是從會說話的時候就開始的。孩子說謊，首先是因為孩子知道自己做錯了某件事，或者在某件事上沒有達到標準，像陶陶這樣，害

怕父母或者其他人生氣。孩子沒有很明確的是非標準，不知道撒謊是不對的。這個時候做為家長，應該給予充分的理解，並且讓孩子知道這是一種不被認同的行為。

隨著年齡的增長，讓孩子說謊的原因越來越多：有些孩子是為了免受懲罰，有些孩子是為了得到自己想要的東西，有些孩子可能僅僅是為了被同伴羨慕，滿足自己的虛榮心。另外，有些謊言是被父母給「激發」出來的。父母不應該問那些可能讓孩子產生「防禦性」的問題。想想，我們自己是不是也不喜歡被別人質問，更何況是孩子呢？

我的來訪者中，還有些孩子，是比較內向和軟弱的。當他們遇到困難的時候，第一個反應就是編造謊言，來躲開可能的衝擊。這是一種自我防禦，但是這種防禦在習慣之後，會形成一種反射，進而在遇到問題的時候下意識地編造謊言，變成習慣性說謊。

如果希望培養出自家孩子誠實的品德，那麼父母一定要做好心理準備。既要聽讓你愉快的真話，也得聽讓你不高興的真話。想要讓你的孩子在成長的過程中保持誠實的品格，就一定不要鼓勵孩子隱瞞真實想法。不管他的這種想法是積極的還是消極的，你都得客觀地接受。

孩子愛撒謊，家長也是有一定責任的。

要讓孩子不撒謊，首先父母不能當著孩子的面撒謊；不要輕易對孩子承諾，一旦承諾了就要兌現；不要在孩子知道事實的情況下，明目張膽地撒謊。

其次，別哄騙孩子，對孩子提出的不合理要求，不要以謊言的方式來拒絕。比如孩子想吃糖，你不要故意把糖藏起來，再跟孩子說：「家裡沒糖。」應該向他們講清楚吃糖對牙齒和身體的危害。

對於孩子為逃避懲罰而說謊的情況，你就得有足夠的耐心，用孩子比較容易接受的方式，對孩子動之以情，曉之以理。這樣才能讓孩子在道理面前主動糾正自己的錯誤，而不是編出瞎話來迴避自己的錯誤。

當爸爸媽媽們發現自家的孩子第一次說謊的時候，不要因為孩子還小，就放任不管。孩子在小的時候可能會在無意間說謊話，如果家長不及時矯正，會讓孩子覺得自己的謊話得逞，進而在以後的生活中不斷地用謊話來達到自己的目的。

因此，如果不想自家的孩子養成習慣性撒謊的毛病，就要抓住孩子的第一句謊話，將孩子說謊的毛病扼殺在搖籃裡。

此外，切記不要教孩子說謊，更不能讓孩子幫你撒謊。不要以為這是小事，這很有可能在孩子的心裡播下撒謊的種子，影響孩子一生的品行。

3 錢或不錢，is a question

讓孩子理智地花錢，並不是經常地在跟孩子算計金錢，這樣只會讓孩子變得功利。你要讓孩子知道的是，有沒有零用錢，給多少零用錢，都與你對孩子的愛無關。但有些家長仍然會有意無意地暗示孩子，比如：「我都在你身上花了那麼多錢，你還這麼不聽話」、「你最近表現很差，再這樣下去，別指望我下個星期給你零用錢。」

若你希望透過錢來控制孩子的行為，付出的代價要遠遠超過想像。孩子早晚會自食其力，當這一天到來的時候，父母想要牢牢掌握的「控制權」又該從哪裡獲得呢？

看到同事傳來的一篇文章，為人師的我讀來感觸頗深——

「不管孩子正在牙牙學語，或者已經在幼稚園裡開始認字了，或者是已滿十二歲即將升入國中，搞不好在某天你會大吃一驚——這個小屁孩沒多大，居然開始對你辛苦買回來的車子嗤之以鼻：『難看死了，老土！』幾年之後他上大學了，信用卡沒幾天就被他刷爆了，害得你當月的房貸沒辦法支付；大學畢業之後，這個你曾經以為已經培養獨立生活能力的孩子，卻突然搬回了家，不找工作，不思進取。『既然可以吃家裡的免費午餐，為什麼我還要自己在外面辛苦生活呢？』他如此大言不慚地對你說。」

看完這篇文章描寫的場景，你是否會心裡突然打個冷顫。「不會吧！如果我的孩子長大了也變成這樣，那我該怎麼辦？」為人父母，平日想得最多的是如何滿足孩子的需求，如何給孩子更多，卻往往忽略了孩子金錢觀的教育。而金錢觀的教育，應該從小時候的零用錢開始。

日本的教育專家指出，零用錢在孩子的生活中佔有重要地位，它是孩子們自己「創造生活」的來源。

國內的父母，在對孩子「錢不錢」的問題上，容易犯了兩個比較極端的錯誤：一則是有求必應，另一則是有求不應。這兩種做法都可能影響到孩子的心理發展。前者可能會導致孩子的慾望從小膨脹，後者可能會造成孩子在同年齡人中的自卑。

適當地給孩子一些零用錢是值得鼓勵的，但是給孩子零用錢，一定要遵守「既不能有求必應，也不能有求不應」。也就是既不能無限制地滿足孩子的需求，也不要在該給的時候「吝嗇不予」。古時候的清官張難先有一句關於無節制放任孩子花錢的話：子女錢多膽也大，大事小事都不怕，不喪身家不肯罷。

現今，經濟寬裕的家庭不在少數，但即便是一些經濟比較拮据的家庭，在關於孩子用錢問題上也「有求必應」，就算自己縮衣節食，也一定要滿足孩子的需求。殊不知在這樣的家庭中成長的孩子，會漸漸地只知道享受給予，而不懂得付出和回報。當父母有一天無法滿足孩子的需求，就可能與父母翻臉，甚至做出一些傷害父母的事情。

在孩子的用錢問題上，父母還容易犯的一個錯誤就是，孩子開口要錢一律拒

絕，即便是正常的需求也難以讓孩子得到滿足。抱著這種態度的父母認為，孩子只要有飯吃，有衣服穿就行了，太早給孩子花錢不是好事。這就又走入另一個極端了。

孩子漸漸大了，在學校裡會有自己的人際交往。如果多數的同學和朋友手裡都有點能夠自由支配的金錢，那沒有此類費用的孩子就會覺得自己很卑微。其他的孩子在交朋友的時候，可以做到在小的消費上面你來我往，溝通感情。不能說物質是現代人維持人際關係的唯一方法，但也是重要方法。就算是孩子，也容易將自己與其他的孩子比較，在比較中建立自信。

平日沒有零用錢的孩子，大多會因為自己在物質上的稀缺而感到自卑，嚴重的甚至可能將自己封閉起來，不主動與同學和朋友交往，形成孤僻、退縮的性格。這樣不僅會阻礙孩子的身心成長，還可能會給孩子的一生造成不良的影響。

因此，在孩子用錢的問題上，父母一定要注意「度」，過度地「富養」和過度地「窮養」都不恰當。寬裕的父母一定要對孩子有所節制，當給則給，不當給不能因為孩子的哭鬧而妥協。手頭緊的父母也要注意別受「再苦不能苦孩子」觀念的影響，自己再節儉，也要挪出錢去滿足孩子的慾望。當然，也不要一點錢都不給，而是要在經濟允許的情況下，盡可能地解決孩子的正常需要，以免造成孩子的自卑心理。

為人父母的，除了在孩子的零用錢問題上要掌握好「給不給」、「給多少」的尺度，還要教會孩子正確地使用零用錢。如何支配自己的零用錢，是孩子人生理財的第一課。

教會孩子如何使用零用錢的目的是，讓孩子學會如何預算消費、節約消費，做出正確的消費決定。要盡可能地將孩子的零用錢控制在其他同伴相當的水準。使用零用錢，由孩子自由支配，大人可以給予指導，但不能直接干預。當孩子因為零用錢的使用不當而浪費的時候，你要巧妙地提醒孩子，什麼錢該花，什麼錢不該花。當然，不要直接用錢來幫助孩子度過難關。只有這樣，才能讓孩子知曉過度消費引起的後果，從而學會對自己的任何一筆消費行為負責。

給孩子零用錢，不是讓孩子想買什麼就買什麼。爸爸媽媽要幫助孩子分辨：哪些是需要買的，哪些是可買可不買的；哪些是應該的花費，哪些是鋪張浪費。

可以透過零用錢，向孩子傳遞健康的生活理念：比如東西是買不完的，我們只要最適合我們的那個。要懂得用聰明的腦袋取捨，在買了這件東西之後，就要節制自己買另一件東西的慾望。任何東西都是有限的，要把節約當成一種習慣，把錢花在更有意義的事情上面。

為了幫助孩子建立正確的消費觀念，某些國外的家庭還會讓孩子用零用錢為家庭中的某部分開支付帳。在孩子足夠成熟之後，你還可以翻開為孩子記的帳本，告訴孩子家裡的錢都是怎麼花的，來幫助孩子瞭解「家庭財政」，讓孩子懂得柴、米、油、鹽之貴，知道生活的艱辛，從而養成勤儉節約的習慣。

4 順手牽羊未必真的喜歡羊

在原則問題上，要嚴厲地管教孩子，但我不提倡體罰孩子。若你只是一味地對孩子動粗，或者故意冷落孩子，不去瞭解孩子偷竊行為的內在原因，那麼孩子很有可能會採取更偏激的方式來對抗你：比如離家出走、更嚴重的偷竊行為等等。有時候，你的嚴厲或許可以制止孩子的偷竊行為，但產生偷竊的內因依然存在，孩子就有可能產生新的問題。因此，在對待孩子偷竊的問題上，一定要保持兩個原則：理智對待，謹慎教育，讓孩子在保持自尊的情況下改掉這個毛病。

我有一位小訪客晨晨，小小年紀就讓他的媽媽苦惱得不行。因為孩子有「小偷小摸」的習慣，並且還不是第一次了。

有一天，晨晨的媽媽又發現自己錢包裡的錢不見了，猜想著是不是晨晨偷拿了，心裡七上八下的。晨晨放學之後，媽媽開門見山地問他：「妳把媽媽的錢拿去做什麼了？」

晨晨臉色變了一變，誠惶誠恐地說：「買了一個遊戲光碟，剩下的請別的小朋友吃東西了。」

晨晨的媽媽有點頭大：果然是他！怎麼辦？要打他嗎？媽媽盡最大的努力讓自己冷靜下來，對晨晨說：「你這是小偷的行為，知道嗎？」接著教育晨晨「小時偷針，長大偷金」的道理。

隨後，晨晨的媽媽還想了一個辦法：孩子不是缺錢嗎？那就給孩子固定的零用錢，這樣總不會再偷錢了吧！於是，媽媽決定每個星期給晨晨一些零用錢。就在來訪前一天，媽媽在房間午睡，聽到硬幣掉在地上的聲音，心裡一驚：難道孩子又在偷錢？她躡手躡腳地走出房門看，果然看見晨晨偷偷摸摸地躲在廚房，拿著媽媽的錢包在翻。媽媽都快氣炸了：「你怎麼能這樣！」

在我的來訪者中，有很多孩子都有過順手牽羊、小偷小摸的行為。對孩子的這種毛病，來訪的家長通常都特別生氣，不是打就是罵，但收效甚微。如果自己家的孩子也有這樣的問題，你是否也在發愁如何幫孩子改掉這個壞習慣？別著急，聽我慢慢說。

上幼稚園的孩子，如果從超市裡將薯片帶出來，或者將別的小朋友的玩具「順手帶走」，這些行為僅僅是孩子淘氣，而不能說是「偷」。如果你家的孩子正在上幼稚園，那麼他拿東西很可能是因為他不清楚「拿」是需要付出代價的，不懂得花錢來買，也不知道不打招呼就隨便拿東西是錯誤的行為。他們的腦中還沒有「我的」與「別人的」概念，道德觀念尚在發育中，沒有完全形成，這僅僅是原始意義上的「愛物」行為。因此，你發現自家的孩子偷拿東西的時候，不要責備孩子，給孩子太多的責怪。因為這個時候的「拿」不能說是真正意義上的「偷」。但是你也應該透過當前的事情，讓孩子明白這種不經允許「拿」的行為是錯誤的。讓孩子瞭解：「沒有付錢或者沒有經過別人同意就拿走東西，會給別人帶來損害，會讓他們傷心的。」

如果孩子從超市裡悄悄地把薯片（或其他商品）帶出去，你要帶著孩子將東西還回去。如果孩子已經拆開吃了，一定要讓孩子跟超市負責人員道歉，並且替孩子將錢還上。在這個過程中，要注意維護孩子的自尊，不要在大庭廣眾之下讓孩子下不了臺。既讓孩子知曉這個錯誤行為，又不要給孩子留下陰影。

下次你帶著孩子去超市的時候，就要多關注孩子的行為，看看孩子是不是又將東西放在自己的口袋裡。在收銀處付款的時候，要同時告知孩子：「寶貝，你看啊，每種商品都是有價錢的。媽媽把自己的錢給收款阿姨，才能把這些商品帶回家哦！」讓孩子參與付款的過程，或者讓孩子自己付款，來增加孩子「買東西付款」的概念。

有些家長發現孩子在幼稚園「偷」來的東西，自己家裡也有，也沒什麼價值，不知道孩子為什麼偷東西。實際上，它所表現的是孩子在感情上的混亂——他追求的僅僅是以某種東西來滿足自己的心理。只要對這些孩子多加注意，就可以發現，這樣的孩子平常是不怎麼說話的，情緒也不好，在感情上無法得到滿足。這個時候，孩子或許就會透過偷東西的方式，來和別人分享自己的「所有」，籠絡身邊的人，建立與其他人的感情來彌補親情的不足，消除內心的孤獨感。針對這種孩子，家長應該反思自己，然後具體問題具體分析，或者多給孩子一些關愛，或者滿足孩子的正常需要，但不要一味地責備，甚至責打。

你可以稍微委婉地問問孩子，東西是從哪裡來的。如果確定孩子是「私拿」，則應該引導孩子想想：如果別的小朋友拿了你的心頭愛物，你會有什麼感覺？隨後鼓勵孩子盡快將東西還回去，並且解釋清楚，誠摯道歉。

當然，僅僅歸還東西和道歉是遠遠不夠的，這是治標不治本的做法。家長還需要做的，是挖掘孩子偷拿東西的動機。是孩子的合理需求沒有得到你的滿足？或者是你平常太過於寵愛孩子，一旦他的要求得不到滿足，就會想別的辦法來達到目的？還是孩子平常手頭過緊，看到別的小朋友有錢，自己沒有，因為心理不平衡而伸出手？還有極個別的孩子，將「偷東西」當成是有挑戰性的行為。他們覺得做別人不敢做的事情，會顯得自己很厲害……這些都需要爸爸媽媽自己探究，再對症下藥改正孩子的壞毛病。

5 慷慨大方也要看初衷

孩子大方有度，全在家長怎樣教育。父母的態度和教育方式是決定孩子是大方還是小氣的關鍵。無論你抱持什麼態度，選擇哪種教育方式，請不要忘記，在教育過程中要把幸福傳遞給孩子。

我有一個學生倪妮，今年七歲，剛上國小，長得白白淨淨，十分討人喜歡。上學後，她很快就在學校交到了朋友，還常常和同樓的高年級同學一起玩。

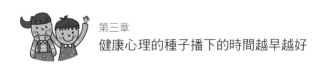

起初，媽媽總會買些好吃的讓她帶到學校去吃，但倪妮吃得很快，媽媽擔心女兒因為貪食零食而不吃學校的午飯，就不再讓她帶零食到學校去，改成每天給她一點零用錢，讓她自己購買零食。

一天，媽媽去接倪妮回家，看見她和兩個同樓的高年級同學一人手裡拿了一瓶可口可樂，那兩個高年級同學笑嘻嘻地對倪妮媽媽說：「阿姨，倪妮對我們可好了，每天都和我們分享好吃的。」媽媽這才明白，原來不是女兒貪吃，而是她太大方了。

媽媽回家問倪妮：「為什麼把東西都分給了別人？」

倪妮理直氣壯地說：「她們吃了我的東西，就會跟我做朋友了！」

原來，倪妮認為自己的好人緣應該依靠物質來獲得。

媽媽心想，現在女兒年齡小，分享的僅僅是零食，再大些恐怕就不僅僅是零食了，那時該拿她怎麼辦呢？

當孩子把零食分給同學吃、把零用錢分給好朋友花時，做家長的應當給予肯定和鼓勵，但凡事都講求一個度，如果像倪妮那樣，是以送東西、給錢花做為結交朋友的方式時，就要注意了。

做為家長有必要嚴肅對待，問清原因，判斷孩子過分大方的原因所在，並採取相應對策。總的來說，孩子過於大方的原因基本上只有幾點：一是家長對孩子過度大方。比如，我家鄰居過分疼愛孩子，看到好吃的、好玩的都會買給孩子，

生怕虧了自家孩子，孩子上學時也會主動塞給孩子零用錢。當孩子擁有得多了，難免會致使孩子過度大方，所以，家長在給予孩子物質或金錢時要適度，這樣孩子才會懂得珍惜。

如果不想孩子過度大方，父母平時生活也不要太奢侈，杜絕鋪張浪費，通常，勤儉持家的父母往往更容易教育出勤儉節約的孩子。

另外，孩子年齡小、缺乏生活經驗，對物品價值的感受度很低，他不懂得從勞動中獲得金錢報酬得之不易，自然也不懂得珍惜。你要告訴孩子，自己和其他叔叔、阿姨一樣，工作都很辛苦，給他的零用錢都是透過辛苦工作賺來的，孩子漸漸懂得了物質和金錢的價值，就不會再過度大方了。

上國小的孩子，對自己的關心程度遠遠超過對物質的關心，這是該年齡層孩子心理發育的正常表現。如果孩子僅僅是願意與朋友分享，是真大方，父母不用過於擔心，隨著孩子年齡的增長，會慢慢對物質和金錢有概念，情況會有所好轉的。孩子大方是件好事，大方的孩子將來步入社會後大多寬容大度，會得到上司的器重和同事的信賴，這是孩子一輩子的財富。

6 教孩子學會「扛得起」

美國品德教育專家麥克唐納曾經說過：「能力不足，可用責任補；責任不夠，能力無法補之。能力有限，而責任無限。」責任心，是一個人立足社會，在事業上獲得成功的重要人格。在我的來訪者中，有很多父母過多地將注意力放在孩子的智力發展上，對孩子責任心的培養卻不太關注，這對孩子的心理成長是十分不利的。

一個退休的美國官員在回憶錄裡講了一件童年往事：

「某天，我和自己的玩伴躲在一個老太太家的後院裡，反覆地向她家的屋頂丟石頭。我和玩伴覺得這樣很有意思，玩得不亦樂乎。就當我們在興頭上的時候，一塊石頭砸到了老太太家的窗戶上。就聽得一聲脆響，窗戶上的玻璃『稀哩嘩啦』

地掉下來了。我和玩伴一看不妙，像兔子一樣飛奔而逃。

從那個時候開始，我就一直坐立不安，害怕這件事被別人知道。但很多天過去，老太太依然跟什麼事都沒有發生過一樣，什麼動靜都沒有。那時候，我經常靠送報紙來賺點零用錢。每次送報紙給她的時候，她還是笑瞇瞇地跟我打招呼，但我心底總是有隱隱的負疚感。

在這種負疚感的折磨下，我決定將自己送報紙得來的零用錢存起來，給老太太買個玻璃安裝起來。一個月之後，我終於存夠了買玻璃的錢。於是，我將這筆錢和一張道歉的紙條裝在信封中，悄悄地放在她家的信箱中。在紙條上，我跟她解釋了事情的經過，並且誠懇道歉，希望這筆錢可以補償我的過失。

第二天，我給她送報紙的時候，終於可以坦然地看著她的眼睛，接受她給我的微笑了。她接過報紙後，遞給我一袋餅乾。當我回到家，拆開餅乾袋的時候，才發現裡面有個信封。信封裡是我給她的那筆錢，和另外一張紙條，紙條上寫著：我為你小小年紀就勇於負責任的品格而驕傲。」

這個從小有責任心的孩子，後來在風雲變幻的美國政壇中大有作為。這與他在面臨問題的時候勇於負責的品格有莫大的關係。

從兒童心理學層面上來說，孩子是否能為自己做主，為自己的行為負責，是衡量孩子是否有責任心的試金石。孩子因為年紀還小，缺乏經驗和知識，在成長過程中難免會犯錯。我家樓下有一戶孩子，就經常闖禍。不是把人家的孩子打傷，就是將鄰居家的花盆弄掉。我在樓上就常常聽到樓下孩子父母的喊叫：「你這個壞孩子！怎麼總是在闖禍！」之後又催促孩子：「還待在這裡做什麼！還不快回去！」結果，孩子什麼責任都不用承擔，該吃吃，該玩玩。父母呢，又是點頭又是哈腰地跟別人賠禮道歉。如果你也是這類父母，是否意識到，因為自己的「熱心」，而剝奪了孩子負責任的機會，也失去了一次培養孩子責任心的機會。

而孩子沒有責任心，在長大之後是很難成功的。做為父母，不要以為責任心是與生俱來的，不用教孩子，孩子也會。責任心是在長年累月的生活中，由父母言傳身教影響孩子的，不管在何時何地，你都要學會在一點一滴的小事中培養孩子的責任心，讓孩子學會承擔，有一對「扛得起」的肩膀。

已經上學的孩子，自我認識的水準提高了，喜歡用各種方式來表達自己的看法。不要覺得孩子懂事了，就該說到做到，經常用「你」的句型來跟孩子說話，比如「你應該……」「你必須……」，這種言詞容易讓孩子產生反感，對孩子履行責任沒有太大的幫助。

但若是換成「我」的句型，比如「當……的時候，我認為……，你覺得呢？」「當……的時候」讓孩子知道你發現了問題；「我認為……」讓孩子知道你的想法；「你覺得呢？」讓孩子說出意見，覺得自己是被尊重的，這樣更容易喚起孩子的責任意識。

我有一個小訪客跟我抱怨，她在家裡總是喜歡將洋娃娃的衣服散落滿地，媽媽總是訓斥她：「妳怎麼把玩具扔得到處都是，趕緊收拾好！」這位媽媽就使用了「你式」的句型，讓孩子覺得不舒服。後來，我偷偷告訴孩子的媽媽，以後可以這麼跟孩子說：「東西亂亂的，媽媽覺得不舒服，我喜歡整潔一點哦！」慢慢的，孩子就知道媽媽這是在傳達「想讓我收拾玩具」的意思。但因為這不是媽媽直接命令的任務，而是她自己領會到的，所以在做的時候也就比較心甘情願了。

孩子的品德是有發展順序的，他得先學會對自己、對身邊的人負責，然後才能學會對集體、對社會負責。不要光跟孩子講負責任的大道理，應該多帶孩子參加一些公益活動。我的一個訪客，在我的建議下，經常帶孩子看賑災、助學、義演義賣的電視節目或新聞，並且詳細地跟孩子說明這是怎麼回事。後來，孩子自己就會主動地伸出自己的小手，來為公益事業畫畫、捐玩具等等，這些都很好地培養了孩子的責任感。

7 「吃苦情景劇」與挫折教育

對孩子來說，用正確的態度來面對成功與正視失敗是同等重要的。在孩子成功的時候，適時地肯定孩子的努力，讚美孩子的努力，是很重要的。在這個過程中「你很努力」比「你最能幹」管用。要讓孩子明白：成功，代表著他擁有了一項技能，但失敗，並不意味著這種技能的失去。只要用心，成功就在不遠處。

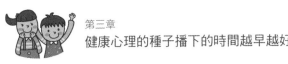

知心好友佳慧認為兒子涵涵太嬌生慣養了，沒有一點挫折承受能力，就替他報名參加了一個「吃苦夏令營」。在送涵涵去夏令營的當天，全家出動，跟送親人去遠征一樣依依不捨地將孩子送上了「征途」。

在短短兩個星期的夏令營活動中，涵涵平均每天會來三通電話，叫苦連天，抱怨不迭。佳慧聽了很心疼，如坐針氈。好不容易熬到了夏令營結束，全家人又聚在社區外面，宛如迎接凱旋歸來的士兵一般將涵涵迎回了家中。

沒想到，涵涵回家之後，並沒有像家人所想像的那樣變得不再嬌生慣養，反而變本加厲地茶來伸手，飯來張口。佳慧很不解地打電話問我：「這個吃苦夏令營，怎麼就沒有一點作用呢？」

近些年，我經常會在新聞媒體中看到一些問題青少年所導致的悲劇。在新聞的結尾，常常會有評論性的語句出現：「現在的孩子承受力太差了，經不起一絲一毫的挫折」。這些挫折包括老師或父母的責備、考試成績不理想、被同學排斥等等，甚至是一句話、一個手勢，都有可能引起孩子的極端行為。於是，有一個名詞被提了出來：挫折教育。現在還有專門針對挫折教育的「吃苦夏令營」出現，其目的都是為了提高孩子的挫折承受能力。

然而，挫折承受力是否真的是可以透過人為製造苦難的情境來提高？

事情沒有這麼簡單。

一般來說，參加「吃苦夏令營」，孩子事先就會做好充分的心理準備，並且

在有團隊合作、團隊一起吃苦的情況下，大多數的孩子都是可以撐得過來的。這種經歷或許對孩子面對困難的能力會有一定的提高，但是挫折的情境是多種多樣的，並且是無法被預知的。當孩子面臨突如其來的打擊，並且在精神上和身體上都處於極限的時候；當孩子不被接納也不被理解的時候，這種「吃苦夏令營」就失去了它原本的意義。

挫折教育，其實就是抗挫折能力的教育。人為地製造情境來讓孩子吃苦，並非是挫折教育的最終目的。父母最應該做的，是讓孩子接受科學的心理教育，挫折教育應該貫穿於孩子成長的始終，而不是僅僅靠吃幾天的苦來解決問題。

面對人生中的逆境，人既要有耐挫折的能力，也應該有排挫折的能力。相較於挫折教育，心理學上更提倡的是「壓彈」教育，來促進孩子的心理成長和人格完善。

壓彈是國際心理學上興起的一個全新的概念，原本是一個物理學的概念，泛指物體在接受壓力的時候會出現的反彈。運用到心理學的領域上，有人將之翻譯為「抗逆」或者「反彈」。這個概念很好地表達了人在遭受到生活的壓力和挫折時候的抗耐能力，也就是反彈能力。簡單來說，壓彈就是個人面對現實生活中的悲劇、傷痛、逆境、威脅及其他的不良情境時候，能夠很快適應並且做出回應的能力。換句話來說，這種能力代表了一個人面對生活中的逆境，他的耐挫折能力和排挫折能力的高低。

最近，心理學研究上還有一個「挫折承受力」的概念，叫做人的「抗逆力」。心理學家在做了大量研究後發現，一個人的抗逆力至少包括了四個方面的元素：

一、良好的自我形象，包括接受自己、瞭解自己，有自尊，有自信。

二、有歸屬感，可以從別人那裡得到支援和理解。

三、有一定的處理問題的能力，可以有效地解決生活中遇到的困難。

四、保持對生活樂觀積極的態度，在挫折中也可以看到希望。

由此可見，一個人的挫折承受力包含的因素很複雜，不是僅僅讓孩子吃些肉體上的苦，受些累就可以短期內培養起來的。相同強度的挫折，為什麼有些人可以順利度過，有些人卻撐不過來。順利度過的人不一定過去就吃了很多的苦，撐不過來的人也未必就一點苦都沒有吃過。在這種差異的背後，真正在發揮作用的

其實是一個人的心理素質。

一樣是考試失利，那些心理健康的孩子，勇於將自己的負面情緒表達出來，可以找到人來分擔自己的憂愁；樂觀的孩子，雖然偶爾也會情緒低落，卻很少會做出極端的行為；而那些不接受自己的樣子，沒人傾訴，沒有歸屬感，又不懂得如何改變現狀的孩子，很容易就會在挫折面前感覺到絕望，從而做出讓人心痛不已的決定。

當今社會是一個充滿了挑戰和風險的社會，我們的孩子隨時都有可能面臨著挫折。在這種情況下，爸爸媽媽除了培養孩子挫折承受力，還有一個重要任務就是培養孩子遭受挫折之後的自我恢復能力。積極樂觀的孩子並不是沒有痛苦，但他們可以很快從痛苦當中解脫出來，重新振作精神面對生活。因此，爸爸媽媽應該認真地培養孩子「於黑暗中看到光明」的技巧。在這一點上，大人自己對待生活的態度在很大程度上影響到孩子的挫折恢復能力。

悲悲切切、斤斤計較、患得患失的父母，常常會教導出同樣性格的孩子。家長是孩子的精神支柱，因此不要小看任何生活中的小事。好的家庭教育應該是讓孩子在潛移默化中學習心胸如海，而不是在一點一滴的灌輸中學會計較一時的得失。沒有一個孩子是可以毫無挫折地長大的，也沒有一個孩子不用面對挫折。生活本身就是挫折的最好講堂。培養孩子的抗挫折能力，絕對不是一時之功，而是要從身邊的小事中教育孩子。

若父母永遠將孩子放在自己的羽翼之下，幫孩子抵擋所有的風雨，那麼他就永遠學不會在暴風雨來臨的時候如何獨自去面對。

孩子的抗挫折能力和耐挫折能力有很大一部分來自於他的自信心和成就感。這種自信心來自於父母對他的支持和重視。因此，你要讓孩子瞭解：放手去做，即便失敗了還有爸爸媽媽陪著他。孩子不可能是完美無缺的，但也不可能是一無是處的。我們要做的，就是努力找尋孩子所擅長的事情，並且對此給予鼓勵。在某個方面有足夠的天分和自信，可以幫助孩子更好地面對來自其他方面的挫折和不足。

8 愛做家事比不愛做家事的孩子更優秀

當孩子有進步時，適當給予物質獎勵是可以的，但隨著孩子越來越進步，要適當減少物質獎勵的次數。物質獎勵只是激勵孩子堅持做家事的方法，有時，給孩子一個微笑或擁抱或一聲「謝謝」，也是很好的獎勵，同樣也會滿足孩子的成就感。

我有一個家長訪客，說自己的兒子奇奇自從上了國小後，一改在幼稚園安親班培養的自己疊被子、洗襪子的好習慣，也不再主動要求洗碗、掃地和拖地，總之，他成了一切家事的「絕緣體」。

為了讓奇奇重新「拾起」曾經的好習慣，培養他獨立的個性和良好的生活習慣，奇奇的爸媽想了一個好辦法，奇奇堅持做一天家事，就付給他相應的報酬，這筆收入隨他支配，奇奇特別喜歡賽車模型，為了心愛的賽車模型，奇奇果然變得「勤勞」起來，奇奇的爸媽為此特別高興。

但是問題也隨之而來，一次奇奇的爸爸出差，奇奇的媽媽發燒了，病中的她拖著沉重的身體給奇奇做了他最愛吃的雞蛋番茄，炒菜時昏昏沉沉的她把鹽當成糖放了進去，結果成了鹹蛋番茄。奇奇非常生氣，那天他拒絕洗碗，出去玩了一下午，讓奇奇的媽媽的心裡特別難受。都說養兒防老，只是希望當自己生病時，兒子可以主動承擔些家事，替自己分憂解難，沒想到兒子會這樣。以前自己生病時，奇奇還會為自己蓋被子，這次是不是做家事付報酬的方法使他變得「勢利」了呢？

奇奇的媽媽問我，以後她還要不要堅持做家事付報酬的辦法，如果不堅持，奇奇會不會因此而「記恨」她？

很多家長讓孩子承擔家事的原因，的確如奇奇媽媽一樣，是為了培養孩子具

備獨立的個性養成良好的生活習慣，並不是真的想讓孩子這麼小的年紀就成為做家事的「主力軍」。前些日子，我的一個學生提交的畢業論文，剛好需要用到國小生做家事的相關資料，不看不知道，一看嚇一跳，現在的國小生，多半都是像奇奇這種情況。

下面，我把相關資料和大家分享一下：

美國哈佛大學的一些社會學家和兒童教育專家對波士頓地區部分兒童做了長達二十年的跟蹤調查，發現愛做家事和不愛做家事的孩子長大後的失業率為一比十五，犯罪率為一比十，平均收入高出近百分之二十左右，同時，離婚率和心理疾病患病率也普遍偏低。最後，做出愛做家事會使孩子長大後生活更幸福的結論。

在國內的調查中，目前約百分之六十五的國小生認為做家事對自己的成長有幫助，並且很有興趣做家事，其中少數還擅長烹飪西點，早餐的麵包、餅乾都是自己動手製作的；約百分之二十的國小生認為做家事是一件有意義的事，但對做家事沒有一點興趣；約百分之十五的國小生認為做家事既耽誤休息又耽誤學習，自己不會去做家事，甚至有少數國小生認為做家事是一件傻事。

約有百分之九的國小生每天做五分鐘家事，包括疊棉被、洗襪子等，約百分之三十五的國小生每天做十分鐘家事，多為洗碗，約百分之三十五的國小生每天做三十分鐘家事，有的整理衣櫃和書架、有的自己整理書包、有的拖地掃地……剩下的約百分之二十一的國小生則從來沒有做過家事。

以上是單一城市的參考資料，在尋找資料的過程中，我的學生透過計算得出，將全國小學生的勞動總量取一平均值，僅為每人每天一分鐘十二秒。他們多數認為長大後會從事文藝、科學研究等相關工作，勞動不會對自身成長發揮到任何幫助作用，因為長大後，自己既不想做農民也不想做工人。

孩子有這種想法，必然和父母「望子成龍」的觀念有關。很多家長認為，成功必備的要素是掌握專業知識，但在實際工作中，如果沒有對勞動的認知，很難將理論聯繫實際，最終獲得成就。想讓孩子成功的父母，應該讓孩子多承擔一些家事，灌輸正確的勞動理念給孩子。做家事付報酬未嘗不是一個好辦法，至少這個辦法讓孩子比其他孩子會做家事，懂得勞動。但是在這個過程中，給孩子報酬，把勞動與金錢掛鉤只會使孩子為了錢而工作，和我們很多人每天機械般重複工作

一樣，感受不到做家事時本應感到的被需要感和集體觀，如此做家事，徒勞無用，很可能會滋長孩子的「金錢至上」心理。

要想給孩子養成適當做家務的習慣，我們該怎麼做呢？

首先，做到不溺愛孩子，在做家事方面給孩子樹立榜樣，適當放手讓孩子做點力所能及的家事。讓孩子明白他在家庭中不是「小皇帝」、「小公主」，而是與爸爸媽媽一樣是家庭中的成員，有著自己應盡的責任和義務。

其次，在孩子做家事的過程中，如果遇到困難，要及時給予孩子幫助，並不斷鼓勵孩子，讓孩子明白你讓他做家事並不是不愛他，而是因為你不能陪伴他一輩子，希望看到他具備自理自立的能力。要避免孩子產生「為什麼別的同學在家裡就可以不做家事，我卻必須做」的想法。

最後，還要和老師溝通，請老師安排孩子在班級團體中分擔具體事務，當值日生就是不錯的選擇，讓孩子在家庭之外的團體生活中體會到責任的重要性，回家之後更理解父母工作一天的辛苦，從而主動幫大人分擔家事。

在此過程中，如果孩子有進步，父母應當及時獎勵，給孩子買課外書、益智玩具、漂亮的文具，但不要付報酬，否則很容易前功盡棄，不但沒有讓孩子懂得責任的重要性，樹立責任心，反而讓孩子認為要勞動就必須取得報酬，漸漸對親情、友情和社會責任淡漠起來。

9 嫉妒讓孩子一直活在不愉快中

嫉妒心強的孩子會過分自信，甚至自大。時間久了之後又容易產生自卑，甚至可能會採取不正當的手段去傷害別人，使自己陷入更惡劣的處境。由於對自己和別人的認識過於主觀和偏激，所以，有嫉妒心的孩子在發展內省智慧方面將會困難重重。

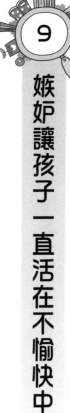

所以說，嫉妒心不容小覷，它是孩子的各項智慧發展道路上的一塊大絆腳石。

同事所帶的班級裡有一個小朋友叫佩佩，從小聰明伶俐，討人喜歡，是在鼓勵聲和讚嘆聲中成長起來的。漸漸的，佩佩變得爭強好勝，不容許自己有一點不如別人的地方。小小年紀的佩佩很注重自己的外貌，喜歡精心打扮自己，並且總是要跟別的女生比較。一旦發現有比自己聰明漂亮的同學，就會不自覺地敵視對方。

有一次，一位女同學穿了一條很漂亮的裙子，同學們都嘖嘖稱讚。佩佩卻不高興了，暗暗嫉妒那位女同學，還在背後說人家的壞話。在學業上，如果有其他的同學比她考更高分，她也會心裡不舒服，會在別的同學面前說對方是事先知道考題，或者人家是純粹碰運氣的。

最讓佩佩糾結不已的是，她的「死對頭」小雅居然在班長競選的時候票數超過她，當選了班上的班長，而她卻退居二線變成了副班長。為此佩佩坐立難安，妒火中燒。在連續失眠了好幾個夜晚之後，她居然做出一個可怕的決定：把媽媽平常因為失眠而服用的安眠藥帶到學校，趁別人不注意，在小雅的水壺放安眠藥，想以此來影響小雅的注意力。幸好放的量不大，及時被發現，沒有造成嚴重的後果。

嫉妒的情緒人人都有，適度的嫉妒也無傷大雅，但是過分的嫉妒卻對人的心理有很大傷害的。它會讓人無法客觀地評價自己和他人，從而導致對自己的高估

和對別人的貶低。嫉妒容易造成人在與別人交往的時候，掌握不好合宜的分寸。並且嫉妒這種不良的情緒，是引起人的心理失衡，造成心靈痛苦的根源之一。

我們仔細留意孩子就會發現，在孩子一歲半到兩歲的時候，就已經有明顯的嫉妒表現。一開始，孩子的嫉妒多與媽媽有關。如果媽媽的注意力沒有在自己身上，而轉移到別人身上，孩子就會用攻擊的形式來表達對其他人的不滿和嫉妒。比如，當你抱著別人家的小孩，你家寶貝就有可能會跑過來，搔搔他的腳，抓抓他的腦袋，想把對方給支開。這是孩子最經常出現的嫉妒。

上了幼稚園，孩子嫉妒的「機會」就更多了，嫉妒的表現形式也變得「多種多樣」。比如，如果老師特別偏愛一個孩子，其他的孩子就有可能故意將他的東西藏起來，或者破壞他的玩具；又比如在上課的時候，如果老師誇獎其中的一個孩子，嫉妒心重的孩子也可能會舉手大嚷：「我也會，為什麼只誇獎他！」

我們應該承認，嫉妒之心，人皆有之。但是如何正確地疏導孩子負面情緒，讓孩子以正確的心態來對待比自己強的人，是爸爸媽媽們必須關注也必須面對的問題。

孩子嫉妒心理和嫉妒行為的產生，雖說原因有很多，但是從根源上講，是孩子自身的消極因素和外部環境的消極因素相互作用、相互影響所產生的。

幫助孩子提高自我認知水準，發展孩子的內省智慧，是克服嫉妒心理的基本途徑之一，同時也是治標的方法。有些爸媽一旦發現孩子嫉妒心強，就很生氣，故意在他面前說：「╳╳╳比你強多了，你應該向他學習。」但是這樣做只能加深孩子的嫉妒心，使他對╳╳╳懷有敵意。

正確的做法應該是，爸媽要先跟孩子講清每個人都有長處和不足，也可以先拿自己做例子，幫助孩子正確認識自己，學會客觀地評價自我、評價別人。

自我認知能力較強的孩子，也比較容易培養移情能力。移情（empathy），簡單地講，就是能設身處地為別人著想。移情能力，是孩子心理成熟的重要象徵，只有心理成熟才會自我排解嫉妒心理。

當孩子一個人看動畫片的時候，會被劇情感動得哭了。這說明，他已經會站在劇中人物的角度想問題。但看到媽媽抱別的小朋友，他就嫉妒得不得了。這又說明，他的移情能力還是比較弱。

增強孩子的移情能力，就會很好地克服他的嫉妒心理。

孩子喜歡被表揚、被鼓勵，我也一直告訴家長朋友們，孩子做對了事情要及時予以讚賞。適當的表揚，可以強化孩子的優點，提升孩子的自信，讓孩子在鼓勵中不斷進步。但是如果表揚不當或過度表揚，就有可能讓孩子產生自滿心理，覺得誰都不如自己。在這種情況下，有比他更優秀的人出現的時候，他在心理上就會比較難以接受。

這是因為孩子年紀還小，自我意識剛剛萌芽，還學不會全面地看待問題，無法客觀地評價自己和別人。這個時候，孩子是以大人對自己的評價為標準的，因此爸爸媽媽對孩子的客觀評價尤其重要，不要因為寵孩子就誇大孩子的能力和品德，讓孩子對自己產生認知上的盲點。在適當的時候，父母要以適當的方式指出孩子的短處和缺點，讓孩子清楚人人都有優點的一面，也有弱點的一面。對待比自己強的人，要學習對方的優點，而不是以嫉妒待之。

若你發現自家孩子在某方面不如別的孩子，不要當著別人的面指責孩子能力不夠，而是要透過幫助孩子提升這方面的能力，來增加孩子的自信。若情況允許，還可以讓一個能力比孩子強的人來幫助孩子做好某件事。這樣既可以讓孩子在做事的過程中學習，並且孩子與孩子之間的友好互動也是幫助孩子克服嫉妒的良方。

嫉妒心理比較重的孩子，通常是有一定能力的孩子。正是因為孩子能力比一般孩子好一些，卻被別人搶走注意力，沒有受到表揚，所以才會對那些受到注意和表揚的孩子產生嫉妒心理。因此，我們在糾正孩子的嫉妒心理的同時，還要重視孩子的謙虛教育。應該讓孩子瞭解到，即便沒有人為他鼓掌，他的優點也不會消失。只有持續地保持自己的優勢，又虛心向那些能力比較強的人學習，他的能力才會不斷提升，才會在日後獲得大家的喜愛和肯定。

10 搶別人東西的背後故事

孩子犯錯，身為家長也有責任。當孩子搶了同學的東西時，有必要主動帶孩子將物品歸還，和孩子一起向對方道歉，讓孩子深刻認識到自己的行為是錯誤的。給孩子正確的導向很關鍵，這種方式要好過直接斥責孩子。

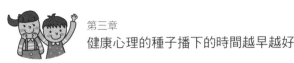

洋洋的媽媽帶著洋洋來找我。洋洋從小就特別讓爸媽放心，爸媽也因此可以把更多的時間和精力用在工作中。今年九月入學後，洋洋在班上學業成績名列前茅，開家長會時洋洋的媽媽覺得很有面子。

家長會後，班導單獨找洋洋的媽媽談了話，對洋洋的媽媽說洋洋雖然成績很好，但在班上很霸道，吃營養午餐時，一定要吃最大的雞蛋，吃不到就強迫同學和他換，有一次因為一個女同學不和他換，他就去揪女同學的辮子，將人家弄哭了。

洋洋的媽媽很生氣，回家後，嚴厲批評了洋洋。洋洋從小沒被媽媽這麼教育過，這次嚇壞了，但是小傢伙還很不服氣，一邊往牆角縮一邊對媽媽說：「媽媽，妳不是一直都說我最乖了嗎？怎麼對我這麼兇？」

洋洋的媽媽想：是呀，想想孩子真的沒讓自己操過什麼心，怎麼入學後就去搶同學的東西呢？面對不服氣的洋洋，實在頭痛不已，就把他帶到我這裡來了。

我是一位兒童心理工作者，也有過為人師表的經歷。在長期觀察之後我發現，孩子「搶東西」這種行為往往是基於「英雄主義」情節。每一個孩子的天性中都有「英雄」情節，在孩子的眼中，英雄絕不是成人眼中的伸張正義、英勇不屈的理想人物，而是力量大的，讓被欺負的人都不敢言語的人。所以，當班級裡出現了性格軟弱的同學時，有英雄情結的孩子就找到了一個可以樹立英雄形象的絕好機會——搶他的東西。

我問過幾個「慣犯」孩子為什麼要一而再，再而三地搶同一個同學的東西，他們的回答非常一致：「他好欺負。」

每個人年少時都曾有過英雄情結，父母要對孩子表示尊重和理解，在此基礎上，為孩子樹立正確的英雄主義觀念，告訴孩子欺負弱小是英雄所不齒的行為，引導孩子關注活躍在科學界、文化界以及平凡生活中的英雄，開闊孩子的眼界，讓他能有所比較，這樣才能使孩子主動改正錯誤。

孩子剛剛步入到社會的大團體——學校中，他們的自我意識和獨立性有了提升，此時的孩子，既有模仿性，又想擺脫束縛，同時特別喜歡被關注的感覺，有些孩子在經過家長的教育之後，知道搶同學東西這種行為是不正確的，卻因為想要被老師和同學關注，而不斷地重複犯錯。有些比較沒有耐心的父母，對待孩子的這種「強盜」行為，總是以棍棒教育待之。適當的打罵會加深孩子對錯誤的認知，但一定要掌握好分寸，而且這種方式不太適用於比較乖巧的孩子，尤其是女孩子。這樣不但孩子會記不住，反而會使得孩子對父母產生懼怕心理，到青春期時，這種懼怕心理會漸漸演變為叛逆心理，後果非常嚴重。

在國外，有一種教育方法叫做「隔離法」，被稱為「time out」。在矯正孩子不良行為方面，隔離法往往比打罵更有效。當孩子再搶同學東西時，可以讓老師暫時將孩子隔離出教室，傳達給孩子「搶東西是不對的，所以我不再對你關注，你必須冷靜思考，認識到錯誤的嚴重性後，才能重新獲得我的關注」的資訊。

家長要配合老師，在老師減少對孩子關注的同時，要及時「接替」老師，關注孩子的進步。當孩子對錯誤有了正確的認識，願意主動改正時，會表現得越來越好。這時用表揚的方式對孩子的進步表示肯定，不但可以穩定孩子想要進步的心情，還可以幫助孩子樹立正確的是非觀念。

11 名牌商品不如名牌心靈

單就名牌而言，有條件的家庭自然可以為孩子購買，但要適量購買，杜絕浪費，既能提升孩子的審美觀，又能幫助孩子自我發展。如果沒有條件，孩子在社會的大環境下「不得不」追求名牌，我們也要應對有方，將孩子的負面攀比心理引導成正面攀比心理，使孩子無論窮教還是富養，都能健康成長。

燦燦家社區裡開了一家平價服裝店，專賣親子裝，儘管不是名牌，但看起來很漂亮，更讓人驚喜的是，這家小店還有親子鞋，款式很多，每一種都很漂亮。

燦燦的媽媽打算買一套親子鞋，全家人都穿一樣的，結果燦燦小臉一歪，對媽媽說：「媽媽，這鞋子不是名牌，我不穿，要穿妳和爸爸穿。」

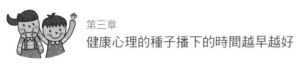

聽燦燦的意思，大概是非名牌不買了，燦燦的媽媽剛想對燦燦發脾氣，燦燦的爸爸說：「名牌鞋安全係數高，燦燦正是愛玩的年紀，就買名牌吧！」

做父母的，都希望給孩子吃好、穿好，可是燦燦的媽媽十分擔心燦燦有「名牌」情結，畢竟家裡並非大富大貴，什麼都買名牌也承受不起。為此，她十分糾結，自己究竟要不要繼續給燦燦買名牌鞋呢？

疼愛孩子，無可厚非。試問天下父母，誰不想把最好的給孩子？如果家庭經濟條件允許，可以為孩子選購名牌商品。但是穿慣名牌的孩子大多因為其強烈的「品牌意識」，非名牌不穿，滋生不必要的虛榮心和攀比心，可能會影響孩子的心理健康，甚至影響孩子的學業成績。

大部分反對給孩子購買名牌的家長，都擔心因此而助長孩子的攀比心理。

攀比心理有正面攀比和負面攀比兩類：

正面攀比是具有積極意義的攀比，具有正面攀比心理的孩子可以在理性意識的驅使下產生競爭慾望，正當參與競爭，同時具備克服困難的動力。

負面攀比則相對消極並帶有一定惰性，一味沉溺於攀比、對自身和周圍環境理性分析的缺乏，使孩子由攀比產生繁重的精神壓力，同時陷入思維死角對自身價值進行否定，追求名牌就是負面攀比的明顯表現。

在孩子的攀比心理不嚴重時，我們要找到導致孩子產生負面攀比心理的成因，有理有據地引導孩子「走往」正面攀比。有時，孩子向我們要名牌可能僅僅是因為他自信心不足，希望透過「名牌」彌補不足，也有孩子是性格敏感所致，當這類孩子看到同學受到老師的表揚和同學的喜愛時，認為自己不如別人，心理不平衡，試圖用「名牌」提升優越感。對這類孩子，我們要和老師多溝通，請老師和我們一起多表揚和認同，增強孩子的自信心、提升孩子的優越感，千萬不要強硬拒絕孩子的要求，加重孩子的負面攀比心理。

當下電視廣告和網路傳播對名牌的宣傳力度很大，有些家長本身也追名牌，用名牌來凸顯身分、地位和財富，這些都對孩子造成了很大的影響。只有家長以身作則，平時合理消費，不鋪張浪費，引導孩子樹立「適合自己的才是最好的」觀念，才能從根本杜絕孩子產生負面攀比心理。

家長可以在日常生活中向孩子透漏「家底」，讓孩子瞭解「家情」，在孩子出現追名牌的苗頭的時候，不妨讓孩子瞭解家庭的實際收入，平時去超市時讓孩子幫忙選購食品和日常用品，如果貴了就讓孩子放回貨架，讓孩子瞭解家庭消費實力。

另外，在平時和孩子聊天時，也要灌輸給孩子內在美比外在美更重要的觀念，讓孩子明白學生最重要的任務是學業，不是攀比和消費。

我有一個朋友家的孩子在私立學校讀書，學校要求孩子每天帶保鮮盒，裡面裝好切好的水果，中午休息的時候可以吃。

一天，孩子對媽媽說：「媽媽，今天明明帶了進口日本蘋果，明天妳也給我帶進口日本蘋果好不好？」媽媽點點頭同意了。

第二天放學，孩子說進口日本蘋果很好吃，要求媽媽天天給他帶。媽媽想答應，又怕養成孩子的攀比習慣，就跑來問我。我給她出了一個主意，讓她先拒絕孩子的要求，並對孩子說：「只有妳考到好成績時，才可以帶進口日本蘋果去學校吃。」這之後的考試中，孩子果然考了好成績，孩子媽媽也沒有食言，給孩子

帶了進口日本蘋果。

我這個朋友做得很好。第一次答應孩子是因為她知道孩子只是看同學吃，自己沒有吃所以才提出要求；第二次拒絕孩子是因為擔心孩子因此而產生負面攀比心理，透過延遲滿足的方式引導孩子往正面攀比發展。

我相信，除了延遲滿足這種方式，還有其他方式可以發揮良好的引導作用，幫助孩子進步，每個孩子的性格不同，家長們一定要根據孩子的綜合情況慢慢摸索，尋找出最適合有效的方法。

12 尊重人性或尊重規章制度

孩子如果遇到挫折，比如在學業上或是家庭感情方面受到挫折時，為了擺脫感情創傷，就會從異性同學那裡獲得感情補償。例如，成績不好的孩子，有「男女朋友」會讓他們覺得自己雖然成績不如別人，但是情感上卻勝出一籌，這也是一種心理平衡和安慰。對於這樣的孩子，找到受挫情緒的來源，並給予針對性的幫助才是根本。

我曾為一個晚會招募過一些小演員，其中有個小女孩叫樂樂，國小三年級，皮膚白白的，眼睛大大的，和漫畫裡的小女孩如出一轍，特別討人喜歡，表演能力也很出眾。前些日子，樂樂的媽媽告訴我，樂樂被學校選為代表參加地區性的團體舞蹈大賽，起初樂樂很高興，每天都會早起一個小時到學校參加團體舞蹈的

排練，但漸漸地，樂樂越來越不願意參加排練了。

樂樂的媽媽問樂樂為什麼，她一臉委屈：「媽媽我不想再跳團體舞蹈了，學校規定不許和異性同學有太親密的交往，可是跳團體舞蹈，是要拉男同學手的，我不想跳了。」同時，樂樂還央求媽媽出面和老師溝通，讓她退出參賽團隊。

樂樂的媽媽看過很多教育文章，寫的都是異性交往帶來的不良後果，樂樂「主動避嫌」的想法她很高興，但又擔心樂樂是不是對男女關係過於緊張了些？她詢問我的是，在成長的過程中，如果缺乏異性朋友，會不會造成樂樂成人後仍不會與異性相處呢？

很多父母都會有這樣的疑問，孩子沒有過早戀愛當然是好事，但過於迴避異性是否也不正常？在學校工作的那幾年，我在孩子放學的時候經常看到很多孩子不願意遵守學校的規定和異性同學手牽手過馬路，有些「聰明」的孩子甚至讓異性同學拉著衣袖過馬路。因為這個年齡層的孩子開始懂得害羞，常常刻意與異性同學保持距離。老師沒有辦法深管，這是孩子成長的一種表現。

國小階段正是孩子特別需要被人理解的時候，高年級的孩子還有謀求人格獨立的傾向。在學業和生活中，孩子的歡樂苦惱、成功得失肯定不可能完全向父母和老師傾訴，就算有條件傾訴，也可能不被理解，得不到真正想要的幫助。因此，此時的孩子渴望在同年齡人中尋求理解幫助，異性之間交往會成為一種必然現象。而異性同學間的交往，會給孩子帶來很大的幫助。

在同等智力水準下，女孩擅長具體形象思維，在作文構思和辭彙運用中有優勢，男孩則擅長抽象邏輯思維，在解答數學題中有優勢，與異性同學相互交流學習，很容易獲得進步。加上每一個孩子的個性都不盡相同，只有認識到每種個性的優點和弱點，才能使孩子有選擇性的塑造對自己最為有利的性格，堅定個人意志。異性同學的個性差異遠大於同性同學間的差異，可以有力推動這一進程。而且，正常的異性交往經驗可以使孩子在成年後正確區分友誼和愛情，更為穩妥地把握好感情，擁有幸福婚姻。

所以，無論是學校還是家長，都應當允許孩子與異性同學有正常交往，如果一味禁止防範，可能會使孩子增強對異性的好奇心和神祕感，年齡大一些會因此

而產生叛逆心理，成為促使純真友誼發展為過早戀愛的催化劑。

其實部分學校和大多數家長反對異性交往的重要原因之一，就是擔心發生過早戀愛現象，現在的孩子大部分都是獨生子女，自我感覺良好，自尊心強，一旦發生過早戀愛，是非常難管的，但如果只是因為難管就採取禁止的態度，會造成孩子在成長過程中的遺憾。

寫到這裡，我想起剛剛在網路上看到的新聞，一個國小男生當街向一個綁馬尾的女生宣讀情書並下跪求愛，在路邊行人的紛紛側目中，表現得非常淡定。網友感嘆，這麼小的孩子都會求愛了，讓大人情何以堪？

國小五、六年級是孩子的過渡期，這段時間孩子的身高和體重都迅速增長，開始具備獨立性思維，但同時又有較多的片面性和主觀性，所以這個階段的孩子往往精力旺盛、情感衝動不懂克制，如果限制過多，很容易發生心理問題。因此，家長要密切關注孩子的心理，尤其是與異性交往方面，既不能過於疏遠又不能過於密切，一旦有過於密切的異性交往，要根據孩子的自身情況，正確處理。

要盡量全面地瞭解真實情況，不要聽老師和同學一面之詞，首先要做到的就是相信自己的孩子。如果孩子與異性同學間的確是正常交往，我們要安慰被「流言蜚語」中傷的孩子，幫助孩子度過心理療傷期；如果經過引導，孩子承認確實對異性同學存有某種想法，就要進行下一步行動了。

古時女子十三歲行及笄禮，之後便可接受男方聘禮出嫁，國小高年級的學生有青梅竹馬的感情是比較正常的，但如果把這種感情發展成為「下跪求愛」就不正常了，我們必須要關注其中的度。做為家長，平時要和孩子保持良好互動，相互之間建立信任，既是家長又是朋友，可以傾心交談，這樣會比較容易引導交往過度的孩子走出迷潭，千萬不要採取強制的態度，這樣很容易引起孩子的反感。

最後，要給孩子時間，讓孩子獨立處理，這不僅僅是相信孩子，更是承認孩子具備獨立性的第一步，對孩子的心理成長有非同小可的意義。如果孩子不能很好處理時，可以幫孩子出主意，除非孩子要求我們「出山」，父母才要考慮親自出面解決，或和對方家長溝通，或尋求班導老師的幫助，但我相信大部分孩子都不會對我們提出類似要求。

13 讓你的孩子說到做到

孩子是一張白紙，誠信是白紙上重要的一筆。為人父母，不要小看了你的影響力，培養孩子的誠信品格，對他今後的發展至關重要。

我有一個家長訪客，為自己給孩子做得不好而懊惱不已。為什麼呢？原來在她的大力支持下，女兒喬喬收集了一整套《三國演義》的圖片。這些圖片是好不容易才集齊的，每張圖片的背後都有一個相關的故事。喬喬的媽媽想要透過這些圖片來讓喬喬一點一點瞭解《三國演義》裡的人物。

某天，喬喬的好朋友莉莉來家裡玩，兩個人一起看了《三國演義》裡的圖片。莉莉很喜歡喬喬的圖片，但短短的時間根本看不完。無奈之下，莉莉詢問喬喬：「喬喬，明天去幼稚園的時候，把這些圖片帶來借我看好不好？」喬喬很痛快地答應了莉莉。

但是第二天，喬喬的媽媽卻禁止喬喬把圖片帶出門。她覺得圖片收集不容易，怕在學校弄丟了。但喬喬因為答應莉莉，所以堅持要帶。喬喬的媽媽說：「妳就告訴她妳忘了帶，沒關係的。」喬喬一想也是，就直接去幼稚園了。

讓喬喬的媽媽想不到的是，喬喬自從這次之後，就變得經常性地言而無信。她總是在答應朋友某件事之後，又以各種理由反悔。老師總是會接到別的小朋友告狀，然後轉達給了喬喬的媽媽。直到這個時候，喬喬的媽媽才醒悟過來，僅僅一次的教育失誤，就會在孩子身上發揮這麼長時間的不良影響，她不知道要如何重新讓孩子做一個誠信的人。

老子曾經說過：輕諾必寡信。意思是說，輕易地答應別人某件事情，就一定沒有足夠的信用去做到。要如何遵守承諾呢？就是在答應別人之前，一定要謹慎斟酌自己是否做得到；一旦答應之後，就要千方百計去達成。這樣才不至於失信於人，才能得到別人的信任。

造成孩子不守信用有很多原因，比如故事中的喬喬，就是因為媽媽的錯誤教育造成的。媽媽擔心弄丟東西，就讓喬喬違背承諾，以謊言的方式推脫承諾。因為孩子沒有足夠的獨立思考能力，只能按照媽媽的要求去做。大人是孩子模仿的對象，久而久之，喬喬自然也就有樣學樣，養成了不講信用的習慣。

有些孩子不守信用，是基於虛榮心的驅使，喜歡信口開河，講大話，其實並沒有實現承諾的資本。比如，有些孩子會告訴別的小朋友，爸爸最近剛給他買了一個高級的玩具，別的小朋友希望可以玩玩，為了面子，孩子就會隨口答應。但事實上並沒有玩具，孩子自然拿不出手，承諾也就無法兌現，不守信用的事自然也就發生了。

還有一些孩子得失心太重，當他對別人承諾了某件事之後，又擔心自己的利益會受到損失，也就不願意遵守承諾了。比如喬喬，之所以不守信用，也有害怕圖片丟失的顧慮在裡面。

做為與孩子最親密的人，爸爸媽媽應該給孩子樹立誠信的榜樣。從自身做起，謹慎注意自己的一言一行，以言傳身教的方式來影響孩子。

14 幫助孩子控制和疏導情緒

人們常說：「衝動是魔鬼」，情緒對一個人的人生影響極大，想要讓孩子日後有好的發展，就要培養孩子做自己情緒的真正主人，懂得控制自己的情緒，支配自己的情緒，並且根據不同的情況來調整自己的行為。

若男是個脾氣暴躁的女孩子。有一次騎著單車在放學回家的路上，和另外一個騎單車的同學發生衝撞，性格衝動的若男當即就跟對方吵起來。回家之後，若男仍然怒火高漲，跟誰說話都是氣鼓鼓的，不是甩門，就是摔書。

爸爸原本體諒她的心情，以為她發洩一下就過去了，誰知道若男越是過分，吃飯的時候沒說幾句話，連碗都摔了。若男的爸爸頓時就發火了，指著若男罵道：「碗是用來吃飯的，不是用來摔的！在外面受了氣，回來給爸媽臉色看，簡直太過分了！」

若男這才收斂了一些，放下筷子，把自己關在房間裡，誰也不理。第二天仍舊餘怒未消，在學校看見同學也是臉色不好，彷彿誰都欠了她錢一樣。

在生活中，孩子在遇到不如意之事的時候往往不懂得控制自己的情緒，會以比較直接的方式發洩暴躁的情緒。有些家長對待孩子的這種情緒，往往不能理解和寬容，時常會用恐嚇和暴力來阻止孩子的情緒發洩。

就像若男一樣，壞脾氣的孩子有很多，情緒發洩的次數也可能比較頻繁。耐性比較差的父母可能難以忍受，時間長了就容易造成親子之間在感情上的衝突。其結果往往是父母的後發情緒佔上風，導致孩子的情緒既無法發洩，也得不到緩解。父母的這種行為不利於孩子自制能力的培養，還容易讓孩子的負面情緒逐漸堆積，造成心理上的抑鬱。

這時就需要父母教孩子學會自制。自制力可以讓孩子在危機四伏的環境中鎮定自若，自主調節情緒、調整行為，讓孩子堅持自己的原則，懂得比發脾氣更重要的事是什麼。現在的孩子面臨困境的機會不多，但在成長過程中仍然會遇到一些不公平、衝突、陷阱。在孩子遭遇到這些情況的時候，往往會在內心產生種種不滿和激動的情緒。

這時候，就需要透過一些管道發洩出來。當孩子覺得在自己家人面前發洩是最安全的時候，就會無法控制住脾氣。若是家長都無法控制自己的脾氣，反而企圖透過「鎮壓」來控制孩子的情緒，如此下來不但不利於孩子自制能力的培養，反而會讓孩子的自制力越來越差。所以，當孩子因為憤怒和委屈而宣洩自己情緒的時候，不要以「堵塞」的方式去控制孩子的發洩管道，而是要讓孩子在發洩的過程中學會如何控制自己的情緒。

孩子在發火時，爸爸媽媽應該告訴孩子，你可以生氣，但是不可以傷害別人或者毀壞東西，把孩子帶出那種「一觸即發」的環境，並試著分散他的注意力。如果這樣做，孩子還是沉浸在壞情緒裡，建議暫時不要理睬孩子，讓孩子明白你不會被他的怒氣所控制。

父母也可以教孩子一些消除壓力和怒氣的辦法。比如：到操場去打籃球，和

小寵物玩一會兒，或者拍一張孩子生氣時的照片給他看，轉移他的注意力。

心理學家建議，父母要充滿幽默感，放棄那種想要全面控制孩子情緒的打算，當然，也可以制訂一些規則，比如：不許大喊大叫、不許摔東西等。若違反條規，則做出相應的懲罰。比如，取消去兒童樂園的計畫、減少零用錢等。

幫助孩子學會控制自己的情緒，不是一件容易的事情，爸爸媽媽一定要有耐心和毅力進行下去，因為這對孩子今後的性格發展非常有好處。

15 同情心是上帝賜予孩子的最好禮物

同情心是人性中最溫暖人心、最美麗的風景。沒有同情心，就沒有人與人之間發自內心的相互關愛，更不會有人與人的和諧相處。

心心是我的小姪女，有一天她的爸媽臨時有事，拜託我照顧她。帶心心吃完肯德基後，我拉著她的手，在街上的道路散步。

一邊走，一邊耐心地解答心心提出的很多問題。在街道的轉角處，一個衣著襤褸的流浪漢和我們擦身而過。這個瘦骨嶙峋的流浪漢引起了心心的好奇心，她抬起小臉問我：「姑姑，這個叔叔為什麼要流浪啊？他在找什麼東西嗎？」對待孩子的問題，我通常的做法是先思慮一番，因此並沒有馬上回答。

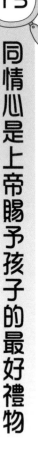

但是，這一次心心沒有像剛才那樣反覆追問問題的答案，而是掙脫了我的手，快步跑到流浪漢身邊，睜著大眼睛問：「叔叔，你沒有家嗎？需要心心幫你什麼嗎？」

流浪漢看到這個小女孩問自己這樣的問題，先是愣了愣，接著苦笑著說：「我現在需要一個麵包填飽肚子。」說完嘆了一口氣，又繼續蹣跚前行。

他以為心心只是說說，不會真的幫助他。不料心心咚咚咚地向我跑過來，可憐兮兮地說：「姑姑，妳借我一點錢吧！我給叔叔買個麵包。回家時我用零用錢還給妳，好不好？」

我笑笑，從錢包裡抽出錢，遞給心心。心心飛奔去附近的便利商店買了兩個麵包，又上氣不接下氣地跑到流浪漢的面前，把麵包遞給他。

我問心心：「告訴姑姑，妳怎麼會想到送麵包給他呢？」

心心說：「因為媽媽曾經對我說過，行善的人有福。我相信媽媽不會騙我的，對嗎？」

如果你的孩子跟心心一樣，有一天自己做主，給路邊的乞丐或流浪漢一個麵包、一枚硬幣，你不要不合時宜地給他灌輸「他們都是騙人的」觀念，也不要用「就你是菩薩心腸」的話來諷刺孩子，這樣只會扼殺孩子的純真和同情心。

你應該做的，是抓住這個時機對孩子進行鼓勵和肯定，來強化孩子的同情心。有的人可能會說，現在很多乞丐都是騙人的，擔心孩子受騙。退一萬步來講，即便這些乞丐是騙子，那麼你所損失的，也最多是幾塊錢。而阻止孩子的善良，所帶來的卻不僅僅是失去一次品德培養的機會。要知道，孩子多一份同情心，在未來他所面臨的環境，就可能多一份寬容與善意。

我有一個朋友，在幼稚園當老師。有一次，幼稚園來了一個心理專家做調查：他將孩子們召集在一起，之後出現了一個場景（專家事前找孩子演的）：一個穿得破破爛爛的孩子出現在園裡，在大冷天裡凍得直發抖。這個時候，老師問孩子們：「你們看小妹妹凍壞了，誰願意將自己的衣服借給小妹妹穿？」孩子們沉默不語，有些居然跑開了。當老師點名的時候，有一個女孩說：「她那麼髒，肯定會把我衣服弄髒的，我不借！」

在我的訪客中，也有很多家長提到自己的孩子似乎缺乏同情心。在國內，因為孩子缺乏同情心所造成的惡性事件屢見不鮮，這說明我們的下一代正在面臨著嚴峻的「同情危機」。

你是否觀察過，自家孩子所面臨的環境，是安寧的、溫馨的，還是殘忍的、蠻橫的。我的來訪者中，缺乏同情心的孩子很容易做出殘暴的事情而不自知，這不僅僅是孩子的不幸，也是家庭的不幸、社會的不幸。

我們所說的同情心，其實就是分擔別人的憂慮，對別人的不幸處境感同身受的能力，這是所有美德品格的基礎。同情可以讓孩子察覺到別人所面臨的困苦，表達他們內心的真摯感情；同情可以讓孩子變得更寬容、更憐憫，進而理解別人的需要，用足夠的愛心去幫助那些需要自己幫助的人。一個有同情心的孩子，比較善於處理自己的情緒，情商也會比較高。

想要培養孩子的同情心，在日常的生活中，就要教導孩子養成與人分享的習慣。家裡有了「好東西」，一定要拿出來分享，不要給孩子「獨一份」，讓孩子享受特殊待遇。還要讓孩子學會關心家人、體諒家人，在孩子做了什麼讓你不開心的事情時，明確地告訴孩子你的真實感受，讓他學會站在別人的立場，設身處地的為別人著想。在合適的時機，告訴孩子「與人為善，同情弱者」的智慧。只要父母的教育方式得當，孩子自然會瞭解：父母愛我，我也要愛父母，我要用愛來報答愛。只有如此，孩子才會在心中充滿愛，才能懂得去愛別人。

16 關懷精神並非無師自通

關懷精神，是每個人應當具備的品格，與書本知識一樣，不是天生的，是需要學習的。但它與書本知識不同的是，關懷精神是需要體驗和參與才能學會的。

有一次我快要下班了，正準備去吃飯，卻看到了這樣的一幕：一位老人家和顏悅色地對著自己的孫子說：「寶貝，我們回家吧！你的爸爸媽媽還在家等著呢！奶奶累了。」可是這個小男孩卻嘟著嘴說：「我還想再玩！」

我走近一看，原來是我們班上的小朋友安安。我走過去摸摸他的小腦袋說：「別的小朋友都回家了，天也黑了，快和奶奶回家吃飯吧！」安安一看是我，只好跟著奶奶走了。

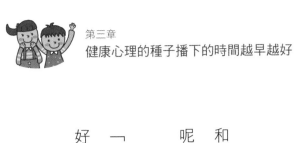

剛剛走出了幼稚園的門，我就聽到安安跟奶奶說：「快點背我啦，我走不動了。」一眼看過去，只看見老人吃力地背起自己的孫子蹣跚走著的背影。

無獨有偶，有位家長告訴我，女兒讓她很心寒。事情是這樣的：有一天這位家長下班，忙了一天覺得很累，身體也不舒服，還有發燒的情況，就坐在客廳裡的沙發上休息。這個時候女兒香香回來了，看到媽媽就纏著媽媽要讓她陪自己玩。

媽媽說：「寶貝，今天媽媽生病了，妳自己玩好不好？」

可是香香就是聽不進去，一邊拉著媽媽一邊說：「媽媽真討厭，一點都不關心我，我要離家出走，再也不回來了！」這位家長說自己一聽到孩子說這句話，心都涼了。

很多父母將孩子的學業成績看得比品德更重要，從而放棄或忽略了對孩子品德的培養和關注。大人往往會在「怕麻煩」的情形下，替孩子做出「更麻煩」的事情，比如：孩子房間收拾得不好，還不如媽媽幫他收拾；孩子不用關心大人，多花點時間讀書比較好；只要孩子學業好，做不做家事不重要……孩子長期在大

人的縱容下，沒有養成關懷他人的習慣。衣來伸手，飯來張口，如何能讓孩子體會大人的辛苦，進而培養關懷精神呢？

忽略對孩子關懷精神的培養，會影響到他們未來的心理發展。

要讓孩子學會關心別人，首先就是要培養孩子的責任感。要在生活上給予孩子指導，讓孩子樹立正確的生活態度和生活方式，讓孩子形成基本的生活自理能力，體會豐富的生活內涵，明白自己的責任所在。

在家庭中，應該給孩子創造一個大人之間互相關心、富有親和力的家庭氛圍，讓孩子在潛移默化中，懂得在成長的過程中別人所賦予的關懷對於自己的意義，懂得家人和朋友，是需要孩子透過情感關心來得到溫暖的人。

比如，孩子的同學生病了，可以帶著孩子去探望；爺爺奶奶睡著了，讓孩子說話小聲一點，不要影響他們睡覺；買了新玩具，可以讓孩子與其他小朋友一起玩；同時，也要教導孩子在學校尊敬老師，關心同學。抽出時間，多給孩子講講社會上的很多職業人員是如何為我們服務的，如護士、空姐、售票員、建築師等等，讓孩子知道自己的所吃、所穿、所用、所住都是怎麼來的，讓孩子意識到其他人在自己生命中的重要性，提升他人在孩子心中的地位。

孩子與大人一樣，都希望展現自我的價值，認識到自己的重要性。他們會在學業之外的勞動中，發現自己的存在意義。所以，不管是瑣碎的事務，還是大人們覺得無關緊要的工作，若是給孩子提供參與的機會，會讓孩子的心理發展更完善，也能在做事的過程中，學會與人合作，學會關懷，體會關懷的魅力。

瞭解孩子是否懂得關懷的途徑有很多，比如：家人外出的時候，孩子是否會惦記著家人的安全？在媽媽做家事的時候，孩子會不會主動為媽媽分擔家事？有了好東西，孩子是否會與人分享？得到了幫助，孩子是否會真誠地表示感謝……「愛自己，也愛別人」是你需要傳達給孩子的關懷精神，也是會讓孩子得益一生的品格，二者缺一不可。

第四章

你的管教遭遇他的青春

孩子到了青春期，出現一些叛逆行為，其實是一種很正常的生理現象，沒必要大驚小怪的。如何應對青春期的孩子，是對家長耐心、細心和觀察力等多種心理素質的考驗。我的經驗是：處於孩子青春期的家長，不妨做一個「傻」家長。

1 性教育——青春期教育的重中之重

春春期是有關於身體、有關於未來的激烈而迅速的形成時期，在這個階段如果不仔細留心孩子的情況，不但會影響孩子的心理健康，還可能對孩子以後的婚姻幸福產生重大影響。

我的學生阿森，自從升上了國中之後，個子長高一大截。我瞭解到他的家庭情況比較特殊，他的爸爸媽媽長期在外地工作，阿森是由年邁的爺爺奶奶來照顧的。但是爺爺奶奶對孩子缺乏正確的青春期教育，某次媽媽回來，居然發現兒子一個人躲在房間裡瀏覽不健康的網站，還在他的書包裡發現了內容不健康的圖書。媽媽一臉發愁地問我：「孩子這樣要怎麼辦？怎麼教育？跟孩子說性話題，會不會很尷尬？」

我為什麼要把青春期孩子的性教育放在第一節來講，而且在後面的幾節中還要講？那是因為對青春期的孩子來說，性的問題已經浮上水面，成為所有問題的重中之重。這個時期父母能不能給孩子正確的性教育和引導，對孩子來說至關重要。

有一段時間，大陸媒體都在熱炒一個很著名的案子，一對著名藝術家的兒子，因輪奸的罪名鋃鐺入獄。這個孩子還未成年，卻要在監獄中度過十年時光。雖然這個孩子學業成績優秀，在書法、音樂等方面都很優秀，但很明顯這是一個典型的教育失敗的例子。今天的社會環境對孩子們的影響已經超出了我們的預料和想像，造成這種失敗的因素有很多，而做為社會大環境的細胞——家庭，更直接一點說——父母，對孩子青春期的性衝動，沒有進行正確的疏導有著不可推卸的責任。

孩子的青春期，是孩子從童年邁向成年的人生關鍵期。孩子青春期的年齡，通常在十～二十歲左右。國中階段尤為關鍵，在這幾年中，孩子不但身高變化明顯，而且生殖器官也逐漸發育成熟，這是青春期最主要的特徵。

在這個階段，家長可能會覺得孩子特別難管：以前孩子有什麼事總是跟自己說，出了問題也會主動尋求幫助，可是現在，他們在家裡總是喜歡獨處，不怎麼願意跟父母交流。有些孩子開始出現過早戀愛的跡象，對異性身體的興趣和好奇不斷攀升。父母要知道，這個階段的孩子其實心理是很矛盾的。一方面他們對新的生命特徵充滿好奇，另一方面，他們又面對著關於性的種種生理疑問和心理難題。所以在這個階段，聰明家長的理智教育就顯得特別具關鍵性了。

我最近幾年一直在宣導家長對孩子進行健康的青春期性教育。然而因為各方面的原因，即便是家長，也有很多話覺得對孩子不好啟齒。有些觀念錯誤的父母甚至覺得，性應該列為教育的禁區，戰戰兢兢地怕孩子瞭解了性知識而「學壞」。

而事實上，孩子一旦到了青春期，或多或少都會遇到關於性方面的問題，這是迴避不了也不能迴避的。如果這個時候父母沒有對孩子進行健康青春期相關知識教育，就有可能導致孩子的心理或行為出現問題。

孩子青春期的性教育誰唱主角？等著老師教？NO！主角應該是家長。為什麼？其一，青春期的性教育有私密性、個性化和針對化的特點，老師雖然會籠統

地教導性知識，但是無法對所有孩子的疑惑一一回答。其二，家庭本身就具有親密性，在這種環境中教育孩子，更有利於保護孩子的隱私，讓孩子不像在面對老師的時候那麼尷尬。

因此，家長做為孩子的第一任老師，要切實注意追蹤孩子的身體和行為發展。

想要育人，先要自育。做為家長，儘管明白一些性方面的知識，但真正要系統地教導孩子，卻未必能說出個所以然來。所以，在對孩子進行青春期性教育之前，父母首先要充實自己在這方面的健康性知識，瞭解和性教育有關的話題，做好充分的知識儲備，再跟孩子談論，這樣就不會在孩子提出一些問題的時候手足無措。父母的知識儲備帶來的自信，是有效地對孩子進行性教育的關鍵。

對於青春期性教育，家長不要等著孩子來發問。有些家長覺得孩子也沒有問題要問自己，也就不會主動告知孩子相關的性知識。其實，有時候沒必要非得等到孩子發問之後才與孩子談論。在平常的時候，父母就可以找機會利用身邊的一些事情來跟孩子進行討論，跟孩子表明自己的一些看法，鼓勵孩子說出自己的想法。在討論中，委婉地扭轉孩子的錯誤想法，避免青春期問題的發生。

其實，父母也不是萬能的，不是什麼都知道的。有些父母面對孩子提出的問題，自身都沒有明確的答案，或者不知道該如何回答，就會含糊其詞，或者索性禁止孩子提問。這是一種錯誤的做法。對孩子承認自己的不足並不丟臉，最好的方式就是跟孩子一起尋找問題的答案。現在網路發達，只要有心查資料，總能找到答案。即便問題無解，也會讓孩子覺得父母是誠實的，值得信任的人。

父母要盡可能地讓孩子知道自己身體各部位的正確名稱，如外陰、陰莖等等。做為父母，要是你都不好意思說出口，更別說孩子從你的態度中領略到的「羞意」了。教會孩子身體部位的正確名稱，是讓孩子對自己的身體有一個客觀的認識。當然，這並不是說日後但凡說到某個部位，就一定要大聲把學名說出來，要是人多的地方，還真是吃不消。讓孩子瞭解，是為了幫助父母跟孩子更方便、更精確地進行性方面的交流，也便於教導孩子何為性侵犯，如果是女孩，更能極大提升自我保護的意識。

任何人都是獨立的個體，儘管孩子依賴於父母，但父母也要懂得尊重孩子的隱私。不要覺得孩子是自己的，就可以任意地刺探孩子隱私，或者將孩子的隱私

拿出來大肆討論。隨著孩子年齡的增長，自尊心的需求也越來越大。孩子出現性方面的問題，大多數不願意跟別人分享，或者私底下才稍稍願意啟齒的。父母對孩子進行性教育最重要的前提就是尊重，尊重孩子自己決定是否願意告知，尊重孩子對隱私的保護，這一點千萬不可小覷。

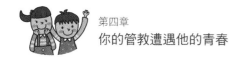

2 給孩子搭建幾道「防火牆」

家長本身不是「防火牆」，而是讓孩子在自己的思維中築起一道道「防火牆」，知道什麼是安全的交往，什麼情景之下有可能潛伏著性侵犯的危險。

上一節我說的是如何跟孩子談論性問題，主要關注的是談話中的基本原則。因為青春期教育的主線就是性健康教育，是重中之重，所以這一節接著說教育中的「防」問題。很多家長都說，自己不擔心孩子過早戀愛，也不擔心孩子的異性交往，就怕孩子太早出現性問題。就這個問題來說，可以用為孩子建立「防火牆」來預防。

第一道防火牆，對孩子明確說明未成年人性關係的不健康性。我們都是從青

春期過來的，也經歷過在青春期的性衝動和性慾望。其實孩子這個階段的需求，已經跟成年人差不多了。那為什麼還要提醒孩子不要偷吃禁果呢？可以給孩子提供的理由主要有這幾個：比如說未成年性行為對健康的影響，對男孩子來說婚前性關係有可能導致對方懷孕，對女孩子來說有可能導致早孕，這些都是對自己、對別人不負責任的行為。

又比如，未成年性關係，不僅家長不贊成，學校也是明令禁止的，少男少女在沒有任何保護措施的情況下發生關係，又是偷偷摸摸的，對心理也會有不良影響。心理研究顯示，人的第一次性接觸如果是在焦慮和恥辱的情況下發生，可能會給心理留下陰影，也會影響到將來的婚姻生活。

家長要告訴孩子，不贊成未成年人性關係是為了他們好，而不是什麼都不說，就下禁止令。這個階段孩子叛逆心理比較大，說不定就反其道而行了。最理智的做法是讓孩子意識到，這是為了自己的長遠健康著想，而不是為了父母，為了其他人，才不得不這麼做。順便還可以教育孩子，在人的一生中，有很多時候都是需要理智控制衝動的，不學會這一點是不行了。

可是這個階段的孩子「火氣」比較大，要怎麼來排解呢？方法有很多，最有效的一條就是教導孩子轉移注意力，將精力轉向另一種創造性的活動。讓孩子的注意力不要一直放在「堵而不疏」的性問題上。讓孩子學會控制，學會使用意志力來參與自我意識活動。

第二道防火牆就是對付「翻牆」的孩子。第一道防火牆已經跟孩子說明了希望孩子不要「偷嚐禁果」，但事實無情地告訴家長，總是有一些「勇士」勇於突破家長的防線，毅然決然地「翻牆」。對這種情況，又該怎麼辦呢？這個時候，家長就要建立第二道防火牆了。那就是在對孩子進行健康性教育的時候，千萬不要忘了為孩子講解避孕和緊急避孕的知識。對女孩子來說，其中的重要性不言而喻，對男孩子來講，一定要灌輸「對自己負責，對別人負責」的觀念。看看自己的孩子發育到什麼程度，孩子跟同學親密到什麼程度，就要找時機委婉地將知識告知孩子，早知道早預防。

第三道防火牆，教會孩子樹立自主意識。在家長制盛行了數千年的國家裡，聽話，是父母從小就對孩子提出的要求，聽話也似乎是對孩子的最高褒獎。這就

存在了一種隱患，當聽話的孩子跟異性接觸的時候，如果對方想要發生關係，在並不清楚親密接觸可能帶來的後果的情況下，尤其是女孩子，還會聽話嗎？聽話的孩子有一個最大的缺點，就是沒有強烈的自主意識，不懂得行使自己的控制權。習慣了讓家長來為自己拿主意，在這種時候，他（她）能拿得了主意嗎？

所以，對孩子來說，培養孩子的自主意識十分重要。不要一味地把孩子往「聽話」方面教育。要告訴孩子，只要是跟自己有關的事，都有控制權。尤其是在兩性親密關係上，更要把握住控制權，不要半推半就，更不能盲從。聰明的父母培養孩子的方式不是「讓他聽話」，而是「說服他」。要讓孩子在青春期就意識到自己是一個與眾不同的個體，接受自己，行使自己的控制權。

3 吾家有女初長成

趨利避害是人的本能。當你跟孩子將這些利害關係說清楚之後，孩子就會自己產生自我保護的意識，在沒有家長監督的時候他們也會主動約束自己的行為。

班上有個小女生瞳瞳，一臉尷尬地對我說：「老師，我好像被吃豆腐了。」我一驚，趕忙問是怎麼回事。瞳瞳斷斷續續地訴說了事情的經過：每天她都會坐公車回家，有一天公車特別擠，她背著書包站在車內扶手的旁邊。沒多久覺得自己的身後有個硬硬的東西頂著自己。瞳瞳覺得很不舒服，就下意識地往前縮。

但是車上實在是太擠了，過了大概兩站，有人下車後她才趕緊挪位置坐下。誰知道她一坐下，剛才站在她身後的男人也跟著坐下了。當瞳瞳要下車，站起來經過身邊的男人的時候，卻感覺到有雙手在摸她的屁股。當時瞳瞳覺得很噁心，

也很害怕，匆匆忙忙下了車。

第二天，瞳瞳實在是心裡憋得難受，才來找我訴說：「我不想想這件事，但總是控制不住，真是太噁心了！」

大多數人認為性侵犯的對象都是女生，其實不然，有時也包括男生。

猥褻和性侵犯對孩子會造成很大的傷害，尤其是在心理上的傷害。這會嚴重地影響到孩子未來的生活品質和人際關係。因此，為孩子創造一個健康安全的生活環境，保障孩子的成長不會有意外出現，教導孩子預防性侵犯的知識是十分有必要的。

你要讓孩子瞭解到的是，性侵犯者不僅僅侷限於陌生人，有些可能是她十分熟悉的人。但是，不管性侵犯者是誰，是以何種理由進行的，都是違法的、錯誤的、不合理的行為。家長要跟孩子一起討論日常應該遵守的一些保護自己的安全規則，這些規則可以幫助孩子遠離性侵犯的危險環境。

父母可以根據自己孩子的年齡、生活環境和其他具體情況，制訂出操作性比較強的「安全規則」，來與孩子進行討論。

在制訂的時候，可以參考如下幾條規則：

- 不要單獨去你無法得到幫助的地方。
- 不要單獨待在僻靜的地方。
- 出外活動要經由父母的同意，並且要告知父母去處，來去的時間，最好有同伴的聯繫電話。
- 盡可能不要在夜晚外出，若有事要外出，需要有父母的陪同。
- 不要隨便相信陌生人的話，不要接受莫名其妙的禮物和錢財。
- 不要吃不相識的人遞過來的飲料和食物。
- 不要與陌生人外出。
- 不要隨便搭便車。
- 一個在家的時候要關好門窗，有人按門鈴要問清楚對方是誰，不要隨便讓外人進門。
- 不要隨便出入環境複雜的場所，比如網咖、賓館、夜店等等，更不要看

帶色情的東西。

・遇到有人意圖侵犯的時候，要迅速離開，跑向人多的地方。

因為孩子的邏輯思維領域有限，生活經驗也比較匱乏，一些在成年人看來有明顯危害的事物，孩子卻往往為此缺乏對行為後果的預見能力。他們很難分清楚哪些做法是會帶來危害的。因此，他們往往會對家長的限制行為產生誤解，並且將家長的保護看成是控制來加以反抗。有些孩子甚至會利用一些小手段來故意躲開父母的監護。這種行為無疑是增加了孩子的危險性。

因此，當孩子進入青春期的時候，父母在限制孩子某些行為的同時，一定要耐心地告訴孩子你這麼做的理由，並且讓孩子瞭解與異性交往的適當尺度，讓孩子知道哪些是不可以發生的，以及這些事情可能會帶來什麼樣的後果。透過分析事情的危害性來提升孩子的自我保護意識，提升孩子主動預防性侵犯的能力。

4 做孩子最好的性心理諮詢師

不管是初潮還是初次遺精，都是一種正常的生理現象。對青春期的孩子來說，具有特殊的意義。在孩子「初」之後，父母就要對孩子的性心理健康高度關注了，在孩子不尷尬的情況下，給予他正確的引導和貼心的關愛。

現在的女孩子大部分都會在國小高年級的時候初潮來臨，我的學生瑤瑤就是這樣。瑤瑤來了初潮後，她媽媽很迫切地告訴我們這些周邊的人。瑤瑤的媽媽覺得這是孩子成長的分水嶺，孩子似乎在一夜之間就長大了，言談舉止都跟過去有很大的不同。孩子開始變得有些「臭美」，每天上學之前都會在鏡子前面照很久。以前給她買的衣服，小女孩也不願意穿了，讓媽媽給她一些錢，要自己去買衣服。

還有一個現象，就是瑤瑤開始對男孩子關注起來了。週末的時候有其他同學

到家裡來，瑤瑤的媽媽經常聽見幾個小女生在議論班上哪個男生長得帥，還將這些男生按照明星的標準分成各種類型，講得津津有味。瑤瑤的媽媽不知道這種情形是該制止，還是放任不管？

據調查，現在青少年的性成熟時間相較過去出現了提前的傾向。性成熟的提前也帶來性心理的提前。從認知心理學上來說，現今性資訊的大量增加，導致人們性觀念的轉化。而這一切，都刺激著少男少女們的生殖腺體和大腦，性生理的萌芽提早被催發，也就必然催動性心理的發展。但是，青少年在社會心理尚且不成熟的情況，對於因為生理上的性發育而萌發出來的性心理，卻缺乏正確的、科學的解釋，很容易陷入盲目和迷茫之中。

一般來講，孩子的性心理發展，會經歷如下幾個階段：性意識的萌芽，幻想與自慰，嘗試與模仿。

性意識萌芽階段的孩子，開始對異性之間的來往產生嚮往。有些少男少女為了吸引異性的注意力，會用一天換好幾次衣服的方式，來表現出自己的與眾不同。

有些孩子經常會陷入幻想之中，白天也會「作夢」，進一步的就是自慰。你或許認為自慰只會存在於男生之中，其實不然，女孩子也有普遍的自慰現象。

有些孩子對性行為十分好奇，甚至可能會大膽實踐。在少男少女心理發展的每一個階段，都會出現既複雜又矛盾的心境：既對異性的神態舉止關注有加，希望能夠得到異性的青睞，又將這種慾望深埋心底，表現出冷漠和矜持的模樣；他們會自慰，但這往往是在快感和罪惡的雙重「夾擊」下進行的。傳統觀念覺得自慰是羞恥的，這種觀念也會讓孩子的內心產生羞恥感，但內心的性躁動又讓他們處在無法抑制的狀態。孩子極需要傾訴，又找不到傾訴對象，這個時候更需要家長的關心了。

放任孩子性心理自我發展，可能會出現兩種不良的後果：一種是受到性本能的驅使，出於好奇心，而過早地嘗試性行為。在青春期的初期階段嘗試性行為，或者是背上沉重的道德包袱，總覺得抬不起頭來；或者索性隨意開始性行為，太早地啟動了性慾望，造成性慾的短期猛烈，陷入單純地追求性享樂的狀態。

這些都是孩子從性體驗發展到性心理問題所走的路。性心理問題容易變成定

型，發展成為頑固的性惡癖，一旦形成，日後要改變是非常困難的。這也就是我們經常在電視裡看到一些少年少女在跟不良異性廝混之後，父母不管是打是罵、是哭是求，都無法讓他們回頭的原因。還有一種不良的後果，就是孩子會將青春期自己出現的性心理，當成是一種醜惡的東西，進而產生強烈的罪惡感和羞恥感，將自己當成是很下流的人，形成自卑、孤僻、閉塞的心理。

性心理成熟的基礎是性生理的成熟，但性生理的成熟卻並不意味著性心理也成熟了。性心理成熟的象徵是：懂得性行為的發生應該以愛情為基礎，實現性與愛、靈與肉的完美結合。也就是說，性心理的成熟與社會心理的成熟有著分不開的關係。

在現今的社會中，人的性行為不僅僅應該只有自然性，還應該具備精神性和社會性。換句話說，與什麼樣的人發生性關係，以及人在性行為中的表現，都會從某個側面反映出一個人的人格特徵和社會責任感。對青春期孩子來說，性心理的成熟需要一個過程，需要在長期與異性的交往之中，不斷調整和適應。只有在情感昇華之後，性心理才算真正成熟。

當處在青春期的時候，性心理尚未成熟，有很大的可塑性。此時對孩子進行正確的、正面的、科學的教育，才能幫助孩子培養其健康的性心理。若任由孩子自由發展，出現性心理問題的機率就會增加很多。要知道，性心理的教育對塑造孩子的健康性格，是不可或缺的。

5 焦慮不是成年人的專屬名詞

青春期是由孩童轉向成人的一個過渡時期，在這個時期，孩子的身體和心理都會發生變化。面對這許多變化，很多孩子內心會產生尷尬、不安、躁動等情緒，如果這些情緒沒有可以得到很好的排解，就容易導致青春期焦慮症的發生。

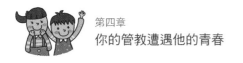

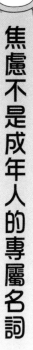

我同事的孩子辰辰，從小就是品學兼優的孩子，在班上的學業成績一向名列前茅。但是最近一段時間，這個大家眼裡的好學生卻處在一種和他的年齡極為不相稱的焦慮情緒之中，吃不下、睡不著，成天想著成績。

某天，辰辰好不容易在輾轉反側之中睡著了，卻在凌晨兩點又醒過來。他光著腳跑到客廳，打開檯燈，說是要找書包拿出書來複習，而事實上，在睡覺之前他就已經很仔細地複習過一次了。辰辰的爸媽看到他這個狀態，對他十分擔心。

第二天放學之後，辰辰又拉著正在看電視的爸爸，焦急地跟他說：「爸爸，你教教我這幾道題目吧！我們老師說了，這次考試中如果錯了一步，整道題目都沒辦法得分！」

爸爸覺得孩子似乎有些神經過於緊張。上個星期他去參加家長會，老師就曾經跟他說過：「我很喜歡辰辰，他聰明好學、勤奮主動、做題的速度很快。但是有一點，辰辰在讀書的時候，很討厭有人打擾到他。若有同學跟他說一兩句話，他就會表現出很大的不耐煩。每到考試的時候，他就會不停地追著我問有關於考試的各種問題，生怕遺漏考試中的任何一個小細節。」

或許你會認為焦慮是成年人的專屬名詞，是只存在於大人之中的一種情緒障礙。但是在心理學上，焦慮情緒在孩子當中也是十分常見的，其發病率幾乎佔到了青少年人口的百分之十左右。青春期是人生的一個脆弱期，也是焦慮症的易發期。據某項調查顯示，孩子的焦慮情緒會在很大程度上影響到他們的學業成績和

人際交往。在綜合學習能力以及人際交往能力方面排名前頭的孩子，往往不是因為他們智商特別高，而是因為他們的焦慮情緒比較少。

發展心理學上認為，孩子的焦慮情緒指的是在青少年時期起病，主要表現為擔憂、焦躁、不安等情緒的心理疾病，通常會伴隨著某些特殊的心理反應，並且會對孩子的正常社會交往能力產生影響。具體來說，焦慮的孩子可能會表現為心神不定、坐立不安、睡眠障礙、心煩意亂、無法集中注意力、對任何事物都失去興趣等等，同時還會引起某些植物神經紊亂，造成心跳加快、頭痛多汗、血壓增高、頻尿等生理上的反應。

孩子在成長的過程中必然會產生一定的焦慮情緒，需要及時去排解。因為孩子心理發育水準有限，他們很難用語言來完整地將自己的情緒和內心感覺表達出來，因此通常會以其他的形式表達出來，卻常常會讓家長忽略掉。

每個人的幼年、童年和青少年時期，都應該是人生中最輕鬆、最單純、最無憂的。焦慮這種情緒，原本不應該在一個孩子的心理世界中出現。若孩子正處在焦慮的漩渦之中，做為父母，又該如何幫助孩子呢？

治療孩子焦慮情緒的方法主要有兩種：教育治療和心理治療。

教育治療主要依靠的就是父母日常生活中的潛移默化，讓孩子學會壓力釋放的方法。家長要給孩子創造一種輕鬆、快樂、和諧的生活和學習環境，不要讓孩子遭受到過於強烈的精神刺激，也不要給孩子太大的心理壓力。對孩子說話的時候，多使用鼓勵性、表揚性的言詞。孩子被肯定的次數多了，受到鼓勵的次數多了，信心自然就會樹立起來了，焦慮當然也會得到很大的緩解。

在心理方面治療，首先醫師會給予生理和心理方面的知識教育，同時還會根據情況具體選用精神分析法、深度放鬆療法、催眠療法、積極心理治療等心理療法，以幫助孩子驅散焦慮的陰影。

6 你說東，他偏往西

青春期的叛逆，是孩子在成長過程中尋求獨立而表現出反抗的行為，是孩子心理成長發展必經的過程，不必太過在意和擔心。若父母能給孩子正確的引導、良好的溝通和合適的管教，孩子就可以順利度過這個心理成長的關鍵期。

我有一個小訪客智智，據他媽媽說，智智升中學之後特別叛逆，而且是以各種方式來反抗，督促他讀書時他會頂嘴，讓他快點起床他就故意拖延，提醒他玩電腦的時間過長他就用力摔滑鼠……

最初，智智的爸爸看到他這樣非常生氣，有好幾次都忍不住要打他，但都被智智媽媽制止住了。可是時間長了，智智反抗的次數多了，智智媽媽也沒辦法了。她知道打孩子不對，可是當孩子就是愛反抗的時候，她也不知道到底該不該打呢？如果打了，孩子會不會因此更愛反抗，直接離家出走？如果不打，用什麼辦法來解決呢？

相信你也有這樣的體驗：孩子長大之後，叛逆的心理越來越重：你讓他看書，他偏要看電視；你給他做了他喜歡的菜，他偏要說不愛吃；他在檯燈下複習功課，你上前去關心幾句，他會很不耐煩地讓你快點走。或許你很納悶：孩子怎麼這麼沒有良心呢？這叛逆心理怎麼愈演愈重呢？這也是來我這裡諮詢的家長們提到的最多的問題。

先別急，聽我慢慢分析。

發展心理學的研究結果顯示，孩子在心理成長的過程中必然會經歷兩個關鍵的叛逆期或反抗期。

在孩子的成長過程中，二～五歲和十二～十五歲分別是兩次較為突出的心理發育期。在這兩個階段，孩子會出現性格急躁、刻意對抗、任性不聽話、反對任

何人干涉自己的事等等叛逆的行為。根據這些叛逆行為的特點，心理學上將這個時期稱之為反抗期。

這兩次反抗期所屬的年齡層不同，因此又有著不同的表現。

在第一個反抗期，孩子所表現出來的反抗主要是什麼事都想自己來，還不會用筷子，也一定要握著筷子自己吃飯，不讓他自己來，就會又哭又鬧。孩子摔跤了，你趕緊跑過去要把他扶起來，他卻趴在地上打滾就是不讓你抱；有些孩子等大人把自己抱起來之後，甚至還會重新趴在地上，再自己爬起來……原本很乖巧聽話的孩子在這個階段也會表現出不耐煩、焦躁、頑皮、任性的特點。

儘管在不同孩子的身上有著不同的反抗表現，但這種反抗卻是一種普遍的現象。

這個階段是孩子從生活上的依賴逐漸走向獨立的關鍵時期。他們在心理上已經有了獨立的意識，因此也就要求自己表現得像個小大人一樣。這個階段也是培養孩子基本生活能力和獨立生活意識，養成良好生活習慣的重要時期。父母在這個階段應該適當地滿足孩子的這種心理需求，因勢利導地教會孩子正確的生活技能和習慣，而不是採取粗暴的方式去對待孩子的這種「反抗」，強制要求孩子做這個，不許做那個，這會讓那些性格倔強的孩子採取更強烈的反抗方式，形成對抗性的性格。而那些性格比較怯懦的孩子，則有可能會形成孤僻、退縮的不良性格。

第二個反抗期又被稱之為「危險期」，有些心理學家也將其叫做「暴風驟雨」時期。這個階段的孩子已經進入了青春發育期，最突出的表現就是成人的自主意識開始逐漸增長，對待事物也開始了獨立思考，有了自己的見解。他們不願意父母再將自己當成小孩子來對待，因此時時刻刻總想要表現出一副大人的樣子，並且總是帶著批判的眼神來看待周圍的事物。

比如，原本很喜歡跟著父母出外訪友、郊遊野餐的孩子突然不願意再跟大人出門，喜歡自己獨處或者寧願跟朋友在一起；一直很乖巧聽話的孩子突然處處跟你作對，脾氣不好，說兩句就急了，還會對你發脾氣；做什麼事都自己做決定，不願意跟爸媽商量，並且容易衝動暴躁。這都是孩子尋求人格獨立的表現，因此心理學上也將叛逆期稱之為「心理斷乳」期。

「心理斷乳」期是孩子從幼稚走向成熟的轉折期，也是孩子從心理上的依賴走向心理上的成熟和人格上的獨立的關鍵期。孩子在這個階段所表現出來的叛逆，比之第一反抗期有過之而無不及。知名作家劉墉有著很特別的教子經驗，他認為，孩子這個階段所表現出來的叛逆，其實是自己的生理和心理在作戰。身體已經成長，茁壯到可以離開父母獨立生活；但是在經濟上仍然需要依賴於父母，這迫使他們必須留下。這兩股力量經常會在孩子的內心打架，叛逆的孩子就是這麼產生的。

不知你是否發現，孩子在跟你作對之後，常常會用眼睛去偷瞄你，看看你是不是被氣得很慘。難道真的是孩子沒有良心？並非如此，只不過是這個階段孩子的良心「暫時被狗吃掉了」，或者說「他們有意地隱藏自己的良心」。對這個階段的孩子，你應該更加謹慎地教育，投入更多的感情和關注在孩子身上。要多想辦法跟孩子進行溝通，最好跟孩子之間像朋友一樣地交流。堵不如疏，與其強制，還不如引導。事實證明，粗暴的強制，可能更會強化孩子的叛逆心理。

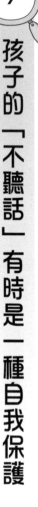

7 孩子的「不聽話」有時是一種自我保護

「從小我就有個宿敵叫『別人家的孩子』。這個孩子從來不玩遊戲，不聊天，不喜歡逛街，天天就知道讀書。長得好看，又聽話又溫順，每回都是年級第一，還有個有錢又本分的異性朋友。研究生和公務員都考上了，會做飯、會做家事、會八種外語……」很多孩子一路就是這樣被父母「比」著長大的：上學時比的是成績，畢業時比的是證書，工作後比是職業和收入，退休後比的則是孩子。

森森和萱萱與我住在同一棟大樓。他們年齡相仿，在同一個學校上同年級。可能是成長背景太過相似，大人們總是喜歡將森森和萱萱放在一起互相比較。只是萱萱從小就特別出色，不但成績很好，而且嘴巴甜、懂禮貌，很多人都很喜歡她。與之相比，森森就顯得有些不起眼了，他的學業成績不是很理想，性格內向，

見到人總是不理不睬，即便問她什麼話，她也經常是保持沉默。後來，大人們都不怎麼問她問題了。森森媽媽有些著急，一起長大的孩子，差別怎麼就這麼大呢？

在教育森森的時候，森森的媽媽張口閉口就會跟她說：「妳看人家萱萱，又考了全班第一名；妳看人家萱萱對人多有禮貌；妳看人家萱萱……」每到這個時候，森森就會很不耐煩地說：「妳要是喜歡她，就讓她做妳的女兒好了！」

慢慢地，森森開始到處找萱萱的毛病。有時候，她發現了萱萱作業上出現的一些小錯誤，就會像發現了新大陸一樣得意洋洋地告訴媽媽：「萱萱今天做作業出錯了，那道題很簡單，我一道題都沒錯！」「萱萱今天沒有帶學生證，老師責備了她！」……

森森的媽媽很詫異：「萱萱不是女兒的朋友嗎？怎麼現在像是跟萱萱有仇似的？」有時候，森森的媽媽想讓女兒和萱萱在一起玩，多學學萱萱身上的優點，森森就會嘴一嘟，臉一扭。森森的媽媽只能無奈嘆氣，隱隱覺得這種情形是自己造成的，卻又不知道如何解決。

站在家長的角度上來說，森森確實很氣人：妳越想讓她跟好孩子學習，她越跟妳作對；妳越想讓她跟好學生交朋友，她越討厭人家；妳越說人家的孩子怎麼怎麼好，她越挑人家的毛病給妳看。非但沒有一點要跟人家學習的意思，還沒有絲毫競爭的意識。

然而，我們是否可以站在孩子的立場來思考一下，或許，孩子這種「不聽話」僅僅是他的自我保護。沒有一個人願意被別人否定，也沒有一個人願意貶低自己，孩子當然也是這樣。或許偶爾的批評還可以勉強接受，但是經常性的貶斥肯定是無法忍受的。

試著想想，若你自己總是被人否認，不也是等於承認自己是沒有絲毫價值的嗎？經常遭到批評的孩子，就只好為自己的價值辯護。為價值辯護的最關鍵的一條就是，要向別人證明他是有價值的。他們往往會使用的，就是「他處勝利法」，也是森森所採取的「貶低別人，抬升自己」的方法。

從表面上看，孩子這是在跟父母作對，其實這只是一種無奈之下的被動控訴。他們是在竭盡全力地保護自己僅有的一點點自尊，這難道是不應該的嗎？若你說

孩子：「你怎麼那麼沒出息！」他直接承認：「是啊，我就是沒出息！」這才是最可怕的。

當然，不願意承認自己身上的缺點，也有可能是孩子的虛榮心所導致的。但是對孩子來說，自尊心和虛榮心常常是分不開的，父母不要太輕易地否定孩子。孩子排斥所謂的榜樣，這其實是很好理解的。因為孩子清楚，每次一提到這個榜樣，他都會被批評。這個榜樣給他帶來的不是學習的動力，而是被批評的代表。這樣一來，孩子怎麼會不討厭榜樣，不討厭被比較呢？

所以說，家長不要總是想著給孩子樹立榜樣。聰明的辦法是為孩子創造一種情境，讓孩子可以自發地向那些比自己優秀的人學習。比如，森森的媽媽就可以裝作不經意的樣子，帶森森到萱萱家做客。大人在交流話題的時候，孩子們就自然玩在一起了。這個情況下，如果萱萱有什麼優點，森森很容易就會看得到，即便嘴上不說，也多少會對自己有些影響。不要一味地跟孩子說要跟別人學習這個，學習那個，也注意不要在「榜樣」面前說孩子的不是。將自己孩子的缺點跟其他孩子的優點相提並論，這對孩子是很不公平的。

若父母能夠抱著很大的熱情和無限的耐心，去欣賞孩子的優點，鼓勵孩子對自己感興趣的事物付出努力和熱情，孩子就會在這種鼓勵之下展現自己最美好的一面。當孩子跟你說出自己所獲得的成績時，不管是多微小的成績，他也會渴望獲得你的讚揚和認同。一旦孩子感覺到被父母欣賞和接納，內心所得到的滿足感絕對不亞於大人獲得巨大榮譽之後的情感體驗。反之，若你總是給孩子不屑一顧的冷漠反應，甚至將他的成功與更優秀的人相比來貶低孩子，孩子的內心則會受到極大的傷害。

8 良好習慣由合理競爭塑造而成

競爭意識與自我意識緊密相連，清晰的自我意識是在與他人的比較之下才顯現出來的。幼兒期是孩子自我意識發展的關鍵期，為了發展自我的個人心理，需要擁有與別人區分開的、獨特的、私有的經驗，從而顯示出自己的獨立人格。為了在不同對象面前表現自己，孩子需要瞭解自己的言行將會如何影響自己在別人眼裡的形象。而競爭意識的萌芽，正是孩子自我意識發展的重要表現，家長應及時予以支持和正確引導。

阿華今年升國中，如果不想被「就近分配」，就得製作履歷遞交給想就讀的學校。阿華是個比較乖巧聽話的孩子，在爸爸媽媽的精心培育下，學業成績非常優秀。有一所口碑非常好的學校特別合媽媽意，她認為阿華在那裡讀書可以得到最好的發展，就決定遞交兒子的履歷。

這是阿華的媽媽第一次聽說學生也要遞交履歷，為了孩子，履歷不得不做，回到家，她對阿華說了這件事，但阿華卻表現出了極大的反感：「我才不要你們把我塞到陌生的地方！」

阿華的媽媽很無奈，的確，該學校招生是很激烈的，製作履歷就等於是提前讓孩子「被競爭」了，這樣對孩子的心理發展，究竟是利大於弊還是弊大於利呢？

我也曾經負責過招生，收到過很多學生的履歷，國小畢業的孩子最大的也才十三歲，最厚的一份履歷居然有五十多頁。我從中看到了很多具有潛質的學生，但看到最多的是無奈。忙著為孩子做履歷的家長，固執地認定好學校可以幫助孩子功成名就，就算不能，也能夠推進孩子的人生進程，但卻又擔心激烈競爭會讓孩子吃不消。而「被競爭」的學生，為了履歷的厚度，從小學習文化知識和各種特長，不知失去了多少歡樂的童年時光。

美國人克雷格·安德森與蒙莉莎·莫羅曾將參與試驗的學生對半分成兩組，

一組用競爭模式進行遊戲，一組用合作模式進行遊戲，結果我們都已經知曉——競爭模式下的遊戲者殺死了更多的怪物，比合作模式下的遊戲者高出百分之六十的戰績。

但問題隨之而來，非贏即輸的競爭，使競爭組的遊戲者之間相互產生敵意，發生了較多的攻擊行為、敵意甚至歧視。就像足球聯賽中激烈競爭的兩個球隊，很可能會為一次進球而在賽場上發生衝突，而後展開攻擊和罵戰……

現代教育正是競爭的另一種表現，唯有最優最強的孩子才有可能進入理想中的學校求學。

那麼，關於競爭，家長究竟應該如何掌握好這個「度」呢？

從心理學角度來看，當孩子能夠為未來的目標奮鬥不息時，會產生自我實現的成就感，反之則產生挫敗感。國小生理性思維能力較弱，只能對身邊的事物發生興趣，產生聯想，教導孩子應對挫敗感，應當多使用發生在孩子身邊的案例，讓孩子有感同身受的體會，教條式的理論則很不易被孩子接受，同時在孩子經歷挫折時，培養孩子從容應對挫折的能力至關重要。只有自己做自己的對手，才能鍛鍊出很強的心理素質，為未來升學和工作中不斷「被競爭」打下良好基礎。

在教育工作的實踐中，我發現合理的競爭可以激勵學生進步，改掉不好的習慣。

有一段時間，我發現培訓班教室環境衛生特別差，雖然我委託一位同學安排了詳盡的值日表，但大多數學生都不認真負責。為了讓學生們主動做值日，我做出了競爭值日生的舉措，全班五十個學生每週競爭十五個值日生的工作，得到這個工作的學生，會得到一張獎狀。為了得到獎狀，學生們積極競爭，自覺維護班級的環境衛生。

我不否認在學業中，成績排位和升學考試的確會使學生產生壓力，甚至滋生不良情緒，但除了學業，在培養學生養成良好習慣方面的競爭是非常有效的促成方法之一。排斥「被競爭」的家長們不妨試試用這種方式讓孩子養成良好的學習習慣。

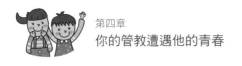

9 戀愛是否過早，不應只從年齡上看

青春期是孩子的性格和人格發生整體改變，並且定型的「危險時期」，做為家長，大多數的時候，只要你可以冷靜從容地對待孩子的種種轉變，尊重他、信任他，一切都可以和風細雨、安然無恙地過去的。

我有一個家長訪客，有一天在收拾自己的女兒瑩瑩房間的時候，無意間發現了一張男孩子的照片。照片中的男孩她曾經見過，是瑩瑩班上的班長。在瑩瑩的作業本背後，還寫著這樣一些話：「不知不覺我就喜歡上了他，總是偷偷地看著他的一舉一動。上課的時候頭一偏，稍微一看就可以看見他，他那麼帥氣，如山一樣地坐在那裡；他的背挺得很直，從來不會彎；他的頭髮總是乾乾淨淨的，身上散發著陽光的香味。有時候，我偷偷看他會被他發現，他就會對著我笑一笑，露出兩個可愛的小酒窩。他的作文寫得很好，十分幽默又有深度。我覺得他還擁有其他男孩子沒有的成熟與穩重，雖然他表面上看起來很大眾化，但我相信他不會盲目地追隨別人的腳步。他對自己想要做的事情，不論別人怎麼說，也都會堅持到底的……」

看完女兒這篇對男孩的欣賞日記，這位家長大驚失色，孩子居然這麼早戀愛了?!

何謂過早戀愛？眾說紛紜。有人甚至對「過早戀愛」這個詞本身提出了質疑。知名的學者李銀河女士就在她的《關於青春期戀愛的研究》一書中說到：「過早戀愛」這個詞是不科學的。過早戀愛中的早的概念又是什麼呢？現在的過早戀愛通常指的是在國中時期的戀愛。然而，西方卻將十二~十九歲階段的戀愛稱之為青春期戀愛。相較之下，這個用語既對時間有了明確的定義，又沒有加上固定的道德評價，才是比較合理化的。

心理學上認為，戀愛是否過早，不應該僅僅從年齡上來看，而是要從心理發育的成熟程度來判斷。青春期，既是孩子身體成長、知識累積的時期，又是性心理成熟發育的時期，是對異性產生好奇和愛慕的時期。進入青春期之後，隨著生理上的發育成熟，性意識的萌芽，少男少女都會對異性產生愛慕，有一種與異性進行瞭解、交往並且親密接觸的慾望，這是非常正常的心理現象。

在某種意義上來說，若沒有外界的刺激，性意識的萌芽只會處於自發性的狀態之中。在尋求親近和依戀的過程中，很少會有色情的動機，或者是幾乎沒有。這個時候的愛情是柏拉圖式的，是朦朧的，帶有一定幻想和完美主義色彩的。它能夠讓一個孩子發揮自己的最大潛力，向自己欣賞的人展示自己最美好的一面。

這個階段的孩子情感豐富，喜歡以成年人自居又無法在經濟上獲得獨立。青春期的騷動讓他們坐立不安，卻又無法運用當前的心智來解決自己成長過程中的苦悶和煩惱。若在這個時候，家長給予他的幫助很少，他們就會求助於與自己有著相同心態的同年齡人。性別上的差異會讓他們對彼此充滿了好奇和嚮往，渴望彼此之間的傾聽和瞭解，來緩解青春期的不安和焦慮。也就因此，他們交往異性朋友就成為了情感認同不可避免的結果。

對於孩子過早戀愛，即便我們也嘗試過酸、甜、苦、辣的過早戀愛滋味，但是當你站在過來人的角度上來看孩子走上自己當年熟悉的「愛情之路」時，不可避免地會有所變化。你或許會不知所措，甚至可能會不近人情，恨不得一下子就將孩子戀愛的火苗消滅。

但是，孩子跟同齡異性之間的交往，是精神上的需要。家長不要粗暴地制止他們和異性的接觸，以免引起孩子的叛逆心理。同伴之間的交往，可以讓孩子開拓眼界，提升孩子的思維力、注意力和觀察力。更重要的是，社會交往對孩子情感和個性的發展發揮著關鍵的促進作用，他們會在這種交往中體會人與人之間的關係，從而學會一些初級的社會規範和行為準則，並恰當地處理自己和他人的關係。

一個既有同性朋友，又有異性朋友的孩子，性格會比較開朗豁達，情感上的體驗也會比較豐富和深刻，待人處世大方得體，自制力也會比較強。若僅僅是在同性的圈子中交朋友，孩子的性格、氣質、社會交往能力會受到一定的限制，個

性的發展也不全面。做為父母，正確的做法是，鼓勵孩子同時和多個男、女同學一起交往，培養廣泛的友誼，而不是僅僅侷限於某一個人。

你也可以鼓勵孩子將同學和朋友帶來家裡玩。這樣做，一方面可以讓你和孩子之間建立牢不可分的信任關係，另一方面也可以瞭解到孩子的交友圈。要讓孩子知道的是，若僅僅將交往的對象侷限於某個小範圍，將會失去和大多數的朋友和同學接觸的機會。現代的孩子應該多交幾個跟自己性格和興趣不同的朋友，而不是只和志趣相投的人接觸。只有這樣，才能更深刻地體會到友誼的意義。

10 追星的體驗對孩子的成長很重要

心理學上把成長中的孩子這種對名人的極度崇拜的心理稱為「英雄崇拜」心理，這是青春期的一種特有的心理現象。一方面，他們覺得自己是大人了，不僅要求行動自主，而且希望精神獨立；另一方面，他們又渴望自己的思想感情有所寄託，便把目光投向影星、歌星、球星們的身上，並且在思想上、行動上，甚至言談舉止、衣著打扮上都情不自禁地受自己喜歡的偶像的感染和影響。

學生甜甜的媽媽最近很煩惱，因為女兒是個「小星迷」。甜甜上幼稚園時就很喜歡一個明星，這個明星長得很帥，形象很正面，甜甜經常學他在電影中努力

讀書的樣子，一讀就是一個多小時。這對一個上國小的孩子而言是非常不容易的，甜甜的媽媽也並沒有過多阻攔甜甜「追星」，反而陪她一起到電影院看該明星主演的電影。

甜甜上國中後，這位明星開始推出專輯，甜甜自然會買來聽，吃飯時要聽，早晨起床時要聽，甚至連寫作業時也聽，久而久之，甜甜的作業品質急遽下降，班導老師還因此請甜甜媽媽到學校談話。

這個時候，甜甜的媽媽意識到，該管管甜甜的追星了，就把甜甜珍愛的CD藏了起來，不再帶她去看該明星的電影。原以為甜甜可以迷途知返，誰知，她竟然不再閱讀課外書，還振振有詞說：「我以前愛讀書，是因為我在學習偶像，現在偶像都沒了，我還讀什麼啊！」

真是管也不是，不管也不是，甜甜的媽媽很無奈，自己究竟應該怎麼辦？

「若孩子能把這股追星的動力放到學業中，那該多好啊！」這是很多現代家長的感嘆。對孩子來說，追星所表現出來的深層含意，其實是一種社會化的傾向。

在孩子青春期心理發展過程中，將崇拜的對象從父母身上轉移到其他人身上，是很正常的。如果孩子總是將父母當成自己的權威，那他就永遠不能真正長大，會在父母的光環之下變得孱弱。

從十三歲開始，孩子最容易對父母的絕對權威進行挑戰。要挑戰，就必然要有一個力量來支持他，這個力量有可能是歌壇、影壇或者其他領域的一些偶像，這些偶像事實上就是社會的公眾人物，在某種程度上代表了主流文化，也就代表著孩子的某種社會價值取向。

追星從本質上來說沒什麼大不了的，當然我們也經常會看到一些孩子因為追星而耽誤學業，影響正常的生活，甚至是翹課去追星。但是發生這種情況其實並不奇怪，青春期孩子的行為本身就帶有隨意的特點，有些時候會超越常規一些或者過火一些，這都是在正常的範圍之內。在成長的過程中，父母可以慢慢地幫助孩子加以調整。

引導孩子正確追星的方法有很多，要根據孩子的實際情況採用最適合孩子的方法，千萬不要採用強制的辦法。強行禁止是要不得的，這很容易激起孩子的叛

逆心理，另外，引導是一個過程，父母一定要有耐心。

另外，家長對孩子追星的行為不必那麼擔心。原因有兩個，一是追星有時間性，孩子不會永遠這樣，一般過了二十歲，就不會那麼瘋狂地追星了，開始沉靜下來，做一些和現實生活相適宜的事情。二是，追星的體驗對孩子的成長很重要。追星是生活的精神層面，這種瘋狂的超越自我內心控制或者擺脫父母管理的感覺，會給孩子的成長帶來很大的動力，他覺得活著是一件很愉悅的事。

一個孩子發展得好還是不好，就是看他從生活中得到的快樂有多少。如果他總是感覺不到快樂，成長的意願就會變得很弱，如果他隨時都感到快樂和自我滿足，就會覺得活著很美好，會努力更好地活下去。

國家圖書館出版品預行編目(CIP)資料

猜孩子心思，不如懂孩子心理 / 李曉晴著 . -- 第一版 .
-- 臺北市：樂果文化出版：紅螞蟻圖書發行，2014.11
面； 公分 . --（樂親子；6）
ISBN 978-986-5983-81-9(平裝)

1. 親職教育 2. 親子關係

528.2 103022317

樂親子 6

猜孩子心思，不如懂孩子心理

7～13歲，父母一定要知道的親子心理學

作　　者 ／ 李曉晴
總 編 輯 ／ 何南輝
責任編輯 ／ 韓顯赫
行銷企劃 ／ 黃文秀
封面設計 ／ 鄭年亨
內頁設計 ／ 申朗創意

出　　版 ／ 樂果文化事業有限公司
讀者服務專線 ／（02）2795-3656
劃撥帳號 ／ 50118837號　樂果文化事業有限公司
印 刷 廠 ／ 卡樂彩色製版印刷有限公司
總 經 銷 ／ 紅螞蟻圖書有限公司
地　　址 ／ 台北市內湖區舊宗路二段121巷19號（紅螞蟻資訊大樓）
電話：（02）2795-3656
傳真：（02）2795-4100

2014年11月第一版　定價／280元　ISBN 978-986-5983-81-9